2021年

长沙市湘菜餐饮业发展报告

谢　军◎主编

湘潭大学出版社

长沙商贸旅游职业技术学院
系列产业年度报告编审委员会

本书编委会

总　序

《长沙市国民经济和社会发展第十四个五年规划和二〇三五年远景目标纲要》强调，要聚焦人民群众对美好生活的向往，以高品质、多样化、便利化为导向，重点发展旅游休闲、文化创意、商贸服务等产业，突破生活性服务业领域物理限制和服务半径，推动生活性服务业扩容提质。产业是经济发展的引擎，直接决定了经济发展的状况。产业链的基础是产业，对接产业办专业是职业教育的关键，了解产业动态，掌握产业现状，研究产业发展趋势，预测产业人才需求，是高职院校专业良性发展的重要条件。国家“双高计划”建设单位长沙商贸旅游职业技术学院是长沙市人民政府主办的全日制高等职业院校，办学60年来，坚持“立足长沙、服务三湘（湘菜、湘商、湘旅）”的办学定位，紧跟长沙市产业布局，积极探索“政行企校”合作办学机制，创新“产教融合、校企合作”途经，推进职业教育高质量发展。每年一度的“二级学院院长说产业、专业主任说专业”教研活动引起了职教界的普遍关注，由学校牵头，联合政府和行业企业编制产业年度报告，开启了服务决策咨询的全新尝试。

为此，2019年我校组织编写并出版了《2019年度长沙市会展业发展报告》和《2019年度湖南省湘菜产业发展报告》两本年度报告，得到了湖南省以及长沙市相关主管部门、餐饮行业和湘菜企业、会展行业和会展企业的好评，成为相关单位制定决策规划和年度计划的智库帮手。在丛书的使用过程中，兄弟省市及同类院校的读者就报告的内容组织、章节设置和呈现形式等方面提出了宝贵的建议和意见，为下一年度报告的编写提供了很好的参考价值。

2021年，受疫情和国际形势的影响，部分产业遭受重创，给经济发展带来了空前的挑战。在此背景下，我校按照长沙市产业发展蓝图，结合专业优势，整合社会资源，组织编写了《2021年长沙市湘菜餐饮业发展报告》《2021年长沙市金融业发展报告》《2021年长沙市会展业发展报告》《2021年长沙市文化和旅游业发展报告》和《2021年长沙市电子商务业发展报告》五本产业发展报告，全面呈现产业数据，记录重要变化和需要反思的时刻，洞察分析、前瞻预判，期待能够为产业振兴提供更有价值的专家观点和趋势预测信息，为长沙市有关部门提供决策咨询依据，为湖南省“三高四新”的建设贡献职教力量。

编委会主任、校长：刘国华

前　言

《2021 年长沙市湘菜餐饮业发展报告》是国内首次全面研究长沙市湘菜餐饮业的年度报告，全书分为总报告、地方产业篇、企业案例篇、专题研究篇和大事记五个部分。

湖南省会长沙，一座 3000 多年城址不变、城名不迭的历史文化名城，是一个被美食包围的城市，被评为“国际美食之都”，也是全国知名“网红城市”，连续 13 年获评“中国最具幸福感城市”。进入 21 世纪以来，以长沙为代表的湘菜餐饮业一直在湖南的社会发展与建设中起着举足轻重的作用，代表着湘菜餐饮业的整个发展趋势。

2020 年新冠肺炎疫情暴发，这是新中国成立以来我国遭遇的传播速度最快、感染范围最广、防控难度最大的突发公共卫生事件。餐饮业首当其冲，遭遇了重大损失，然而在抗击疫情中，长沙市湘菜餐饮业的积极求变、积极自救，充分体现了民生行业的强大生命力。长沙市政府统筹做好疫情防控和经济社会发展各项工作，全市呈现出疫情防控严、复工复产早、发展大局稳、经济恢复快、民生保障好的特点，让人民群众感受到满满的安全感和幸福感。在应对危机和挑战中，长沙市湘菜餐饮业必将迈向更加健康和可持续发展的未来。

本报告由谢军任主编，姚梅芳、祖鹏、龙芳任副主编。谢军负责报告具体组织和协调工作，确定报告编撰思路、基本框架、文本修改和最终审定。姚梅芳负责总报告的撰写及征稿、统编、审阅工作，祖鹏负责企业案例篇的编撰、统稿和审阅工作，龙芳负责专题研究篇的编撰、统稿和审阅工作。郑和斌、谭璐、易世超、周豫湘、李玲、汤优、王旖、陈杰、彭颖、谢小春、王复飞、段辉煌、蔡振林、吴维、谢劼、周翊斌、彭湘萍、林俊帆、李默涵等同志参与编写。湘菜之子实践团徐楠、张广程、周思丽、陈诞、向扬、杨武、邓帆等学生参与浏阳蒸菜产业的调研。

本报告是各级领导、湘菜研究所和众多行业企业的专家共同努力的结果，特别感谢学校各级领导的鼎力支持，衷心感谢赵建民、张新民等专家的用心指导，非常感谢参与报告研究和撰写的各位同志的辛苦付出。最后感谢对本报告出版给予大力支持的湘潭大学出版社的各位领导和编辑老师们。

在未来湘菜餐饮业发展的路途中，必将呈现出更多丰富的研究素材，也会不断出现新情况、新问题，需要新的理论和方法去解决，我们还会坚持研究，为推动长沙市创建“国际消费中心城市”、为“湘菜出湘”“湘菜出国”作出自己的贡献。

编　者

2022年3月

目　录

Ⅰ 总报告

国以民为本，民以食为天。餐饮业作为国民经济中基础性的生活服务业，作为满足人民美好生活需要的重要消费产业，餐饮业的发展状况不仅从侧面反映了人民的生活水平、生活质量及消费水平，也与社会的稳定、和谐有着紧密联系。湘菜作为中国“八大菜系”之一，是中华饮食文化发展史上的重要组成部分，也是湖南向世界传播的一张名片，具有不可替代的重要地位。

湖南省会长沙，是一座3000多年城址不变、城名不迭的历史文化名城，也是一个被美食包围的城市，曾被评为“国际美食之都”[①],还是全国知名“网红城市”,[②]曾连续13年获评“中国最具幸福感城市”[③]。在长沙，不管是本地人还是游客，都能从美食中找到生活的快乐与满足。进入21世纪以来，以长沙为代表的湘菜餐饮业一直在湖南的社会发展与建设中起着举足轻重的作用。

2020年新冠肺炎疫情暴发，这是近百年来人类遭遇的影响范围最广的全球性大流行病，对全球经济的发展和人民的生活产生了全面而深刻的影响，这是新中国成立以来我国遭遇的传播速度最快、感染范围最广、防控难度最大的突发公共卫生事件。餐饮业首当其冲，遭遇了重大损失，然而在抗击疫情中，湘菜餐饮业的积极求变、积极自救，体现了民生行业的强大生命力。

本报告以“长沙市湘菜餐饮业”为主要研究对象，在简要地介绍近20年来长沙市湘菜餐饮业运行状况的基础上，重点对2020年疫情防控不同时期的长沙市湘菜餐饮业发展情况做出阶段性的分析，并对存在的问题提出建设性的指导意见与建议，对于在疫情常态化防控时期全面促进长沙市乃至湖南省湘菜餐饮业的发展具有重要的意义。

一、近20年来长沙市湘菜餐饮业发展情况概述

餐桌上的变化让中国的老百姓感受到生活水平的不断提高，也感受到中国综合国力的显著提升。伴随着中国社会经济的进步与发展，近20年来，长沙市湘菜餐饮业在行业规模、企业水平、社会地位影响和经济拉动作用等方面都发生了深刻的变化。

---

① 2017年长沙市获得了由世界中餐业联合会认定并颁布的“国际美食之都”荣誉称号。

② 第二届《中国潮经济·2021网红城市百强榜》。

③ “中国最具幸福感城市”调查活动由新华社《瞭望东方周刊》、瞭望智库共同主办，是中国具影响力和公信力的城市调查活动。

（一）政府引导、行业推动，湘菜餐饮业规模持续增长

近 20 年来，湘菜餐饮业的发展突飞猛进，实现了跨越式发展。根据有关统计数据显示，1990 年—2000 年，湖南省餐饮业销售总额年均增长幅度为 26.3%，而期间我国 GDP 年均增长幅度为 9.9%，高出 GDP 年均增幅 16.4%。2002 年，湖南省餐饮业销售总额已达 187.5 亿元。在国际金融危机的冲击下，湖南省餐饮业逆势上扬，3.8 万多家有一定规模的餐饮企业实现营业额达 650 亿元，增长了 19.6%。至 2010 年底，湖南省年度餐饮业销售总额突破 800 亿元，同比增长率达到了 17.9%，在全国处于领先地位。至 2011 年底，湘菜餐饮营业额首次突破了千亿元。至 2019 年突破了 2000 亿元，实现了跨越式发展。2020 年受疫情影响，湖南省全年餐饮营业额为 1790 亿元，略有下降。

湘菜餐饮业的蓬勃发展离不开湖南省委、省政府的大力支持。省政府在 2007、2010、2014、2015 年期间出台了各项引导性政策和意见，有效地推动了湘菜餐饮业的持续增长。2007 年 2 月，时任湖南省委书记张春贤在长沙考察调研湘菜产业和餐饮企业时，曾明确提出湘菜产业的发展要在“挖掘、提升、吸纳、创新”八个字上下功夫，要在服务全省经济社会发展、增强湘菜总体竞争力、提升湘菜产业链的现代化水平、提高湘菜开放度和湘菜人才队伍建设上有新的突破。同年 9 月，湖南省人民政府正式发布《关于加快发展湘菜产业的意见》，从制定湘菜产业发展规划、完善湘菜产业体系、加快规范化和标准化进程、着力打造品牌、加大资金扶持、加快人才培养等方面明确了十六条要求，并成立了发展湘菜产业工作领导小组，研究制定发展湘菜产业的政策措施，协调解决产业发展的有关问题。

2010 年 10 月，湖南省政府出台《支持湘菜产业发展的若干财税政策措施》的文件，提出了十九条支持湘菜产业发展的财税政策，从 2011 年起，由湖南省级财政每年安排 1000 万元支持湘菜产业发展，包括支持湘菜产业的规划编制、湘菜企业扩大经营规模、提高管理水平、湘菜技艺创新和菜品研发等，支持湘菜产业进一步做大做强。随后，支持湘菜产业发展的一系列具体举措也相继实施，帮助湘菜企业实施“走出去”战略，推广了湘菜品牌；鼓励知名湘菜企业实施品牌战略，开展连锁经营；大力推进了湘菜原辅材料基地建设；此外，还制定了首个地方标准《湘菜基本术语、分类与命名》，在全国开创了菜系标准化的先河。

虽然中国餐饮市场出现前所未有的繁荣局面，但面对消费市场结构的变化，餐饮

业开始进入调整期。随着原材料成本、人力成本、房租等的持续增长，加之各种外部因素影响，餐饮业告别了过去的高速增长阶段，餐饮业的年增速迅速回落。为了继续全面支持湖南湘菜餐饮产业的健康发展，湖南省商务厅和财政厅于2014、2015年两年连续出台政策，以引导资金扶持湘菜产业发展，仅此一项，相关餐饮企业就获取了千万元的扶持资金。这些激励政策的实施，进一步促进和保障了湘菜餐饮产业的发展和湘菜餐饮品牌企业的崛起。

在社会主义市场经济条件下，行业组织是支撑经济健康发展的重要力量。改革开放以来，随着社会主义市场经济体制的建立和完善，湖南省餐饮行业协会和长沙市餐饮行业协会等地方行业协会相继成立，在为政府提供咨询、服务企业发展、优化资源配置、加强行业自律、创新社会治理、履行社会责任等方面发挥了积极作用。近20年来，在政府各项政策的引导和推动下，长沙市湘菜餐饮业相关各类组织发展迅速，陆续成立了湖南省湘菜产业促进会、长沙市湘菜连锁餐饮协会等组织（详见表1-1）。这些行业组织通过为企业提供指导、咨询、信息等服务，更好地为企业、行业提供智力支撑，规范市场主体行为，引导企业健康有序发展，有力地促进了产业的提质、增效和升级。

表1-1　长沙市湘菜餐饮行业相关协会

名称	成立时间	业务范围
湖南省餐饮行业协会	1992年3月3日	服务、自律、协调、维权、培训
长沙市餐饮行业协会	1995年3月21日	服务、自律、协调、维权
浏阳市餐饮行业协会	2003年9月13日	举办烹饪技术培训，组织烹饪技艺交流和技术职称考评以及行业竞赛评先活动
宁乡市餐饮行业协会	2006年10月11日	自律、协调、服务、维权
湖南省湘菜产业促进会	2007年8月6日	业务培训、经验交流、信息咨询、协作服务

续表

名称	成立时间	业务范围
湖南省食品质量安全技术协会	2013年5月2日	技术服务、信息咨询、交流合作、人才培训
湖南省食品流通行业协会	2014年12月12日	交流、调研、研发、自律、服务、培训等
长沙市湘菜连锁餐饮协会	2015年12月1日	宣传食品安全法规；促进湘菜研发创新；推广连锁经营模式；培训高端餐饮人才；提供企业咨询诊断；承办政府和有关部门委托事项
长沙市饮食安全协会	2016年11月25日	宣传普及食安知识；开展食品安全法律法规培训；制定、修订行业产品标准；维护会员单位合法权益；承办政府委托的其他事项
湖南省团餐行业协会	2020年6月24日	开展会员培训、搭建供销平台、制定行业标准、开展市场调研、组织行业会展、协调行业企业关系、维护公平竞争、开展异业合作、协助政府职能部门参与公共管理
湖南省食品标准化协会	2021年2月4日	接受政府相关部门委托，承担食品地方标准、团体标准、行业和企业标准的制定；协助食品企业制定食品安全的企业标准；解决食品行业突发事件涉及的标准问题；依法解答食品企业在执行相关食品标准过程中遇到的问题；组织开展食品标准培训和知识讲座
长沙县餐饮行业协会	2021年3月23日	行业自律；提供服务；发展会员；拓展领域；协调关系；推动发展

（二）产业地位显著提升，逐渐成为长沙市经济发展的支柱产业

在湖南省委、省政府的重视和支持下，湘菜产业取得了较快发展。按照产业经济学的观点，一个产业占GDP的比重超过5%以上，就可以认定为支柱产业。据长沙市

商务局公布的数据，2001 年至 2006 年，长沙市餐饮业零售额年均增长为 30%，比社会消费品零售总额增长速度快 8 个百分点。2006 年长沙市餐饮业零售总额达 127.86 亿元，较上年增长 17．2%，长沙市纯餐饮业入库税收约 2.56 亿元，约占长沙市税收总额的 3%。长沙市餐饮企业超过 1 万家，从业人员约 30 万人。2007 年至 2009 年，长沙市餐饮业零售额年均递增达 20%，其中 2009 年，长沙市餐饮业零售总额达到 221 亿元，占长沙市社会消费品零售总额的 14.5%，占全市 GDP 的 5.9%。长沙市餐饮业已然成为长沙市经济发展的支柱产业。

餐饮业作为第三产业的重要组成部分，湘菜餐饮业在拉动消费、扩大就业、促进城乡繁荣和推动相关产业的发展中发挥了越来越重要的作用。根据长沙市统计局数据显示(详见表 1-2)，2010 年至 2017 年，第三产业一直保持强势平稳发展。自 2017 年起，第三产业在国民经济中的结构比例已经明显超过第一、二产业的规模。2020 年长沙市地区生产总值 12142.52 亿元，第一、二、三产业对经济增长的贡献率分别为 11.2%、52.8% 和 36%。第一、二、三产业增加值占地区生产总值的比重分别为 3.5%、39.0% 和 57.5%。

表 1-2　2010 年至 2020 年长沙市生产总值　(单位：亿元)

年份	生产总值	第一产业	第二产业	第三产业
2010 年	4547.06	202.01	2437.03	1908.02
2011 年	5619.30	252.10	3151.70	2215.50
2012 年	6399.91	272.31	3592.52	2535.08
2013 年	7153.14	291.16	3946.97	2915.01
2014 年	7824.81	318.04	4245.68	3261.09
2015 年	8510.13	341.78	4478.20	3690.15
2016 年	9323.70	370.95	4513.23	4439.52
2017 年	10535.51	379.45	4998.26	5157.80

续表

年份	生产总值	第一产业	第二产业	第三产业
2018 年	11003.41	318.73	4660.19	6024.49
2019 年	11574.22	359.69	4439.32	6775.21
2020 年	12142.52	423.46	4739.27	6979.79

根据长沙市统计局数据显示（详见图 1-1），自 2010 年以来，长沙市餐饮业一直持续保持平稳增长态势，2019 年长沙市餐饮业零售额达到 462.01 万亿元。2020 年受突发疫情影响，零售额有所下降。从图 1-2 可以看出，2010 年至 2020 年期间，除 2013、2014 年受政策环境影响外，长沙市餐饮业零售额的同比增长率年均高于 10%，增长幅度高于同期长沙市国内生产总值的增长幅度。长沙市餐饮业较高的增长幅度，足以证明以湘菜为龙头的长沙市餐饮业发展势头良好。

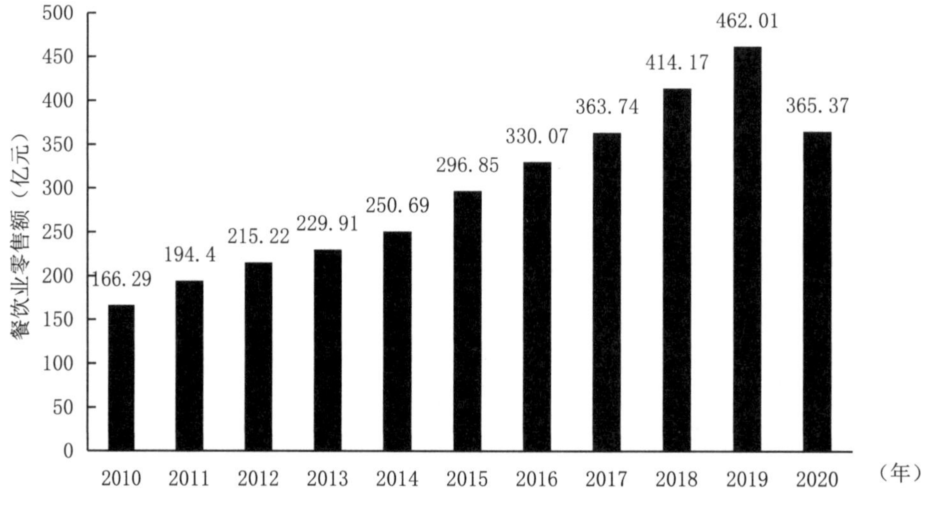

图 1-1　2010 年至 2020 年长沙市餐饮业零售额增长走势图

数据来源：长沙市统计局官网（http://tjj.changsha.gov.cn/）

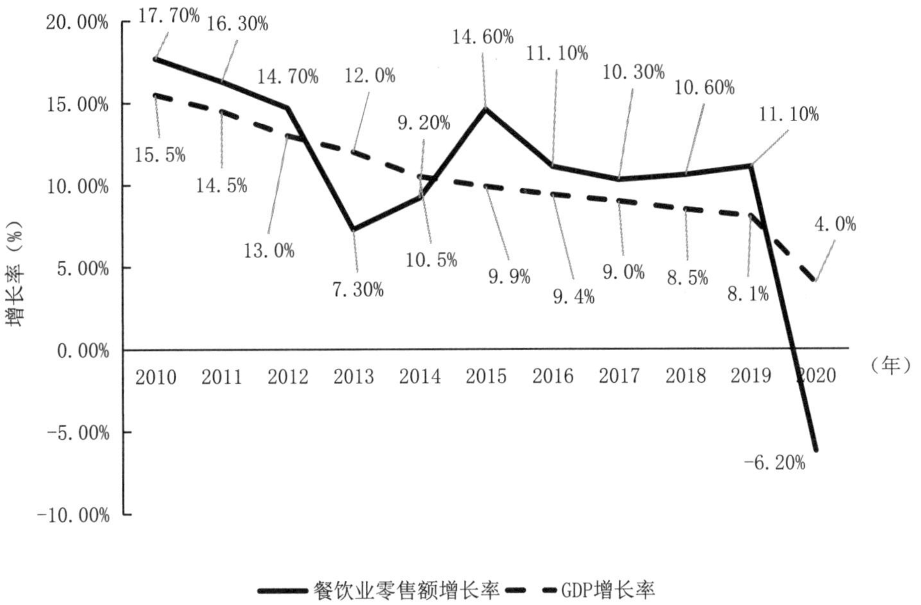

图 1-2　2010 年至 2020 年长沙市餐饮业零售额增长率与 GDP 增长率对比图

数据来源：长沙市统计局官网（http://tjj.changsha.gov.cn/）

（三）餐饮市场百花齐放，形成了具有一定影响力的湘菜餐饮品牌群

长沙是一座开放包容的城市，其餐饮市场开放程度也较高。随着本土餐饮业的创新发展以及异地餐饮企业的进驻，长沙市湘菜餐饮业出现了各种不同类型、不同风格的餐饮形式，这不仅繁荣了本地餐饮市场，而且也为长沙本土餐饮企业带来了新的理念、新的服务方式，使得长沙市湘菜餐饮业呈现出百花齐放的市场态势。包括健康餐饮、老年餐饮、社区餐饮、休闲餐饮、厨师上门、半成品售卖、O2O（Online To Offline）等在内的餐饮业新业态迎来更好的发展势头。

餐饮业发展模式正由规模速度型向质量效率型转变。湘菜企业由原来单纯的价格、质量竞争转向为品牌、文化竞争；由原来单一的经营模式转向为多业态、新模式竞争；由原来的追求高档、奢华消费转向为大众、社区餐饮；由原来注重口味转向绿色健康餐饮；由手工单件制作转向标准化批量生产。

各类餐饮品牌同台竞技，市场竞争激烈，形成了老字号、新派湘菜、外来餐饮连锁店等不同形式的品牌竞争格局。兼收并蓄外来餐饮品牌和文化的同时，长沙本地品牌也在积极探索自身的发展之路。如“黑色经典”自 2009 年创立以来，在经营理念上大胆突破，在坚守产品品质的基础上，以爆款产品推动发展，依托强大的产品研发能力，搭建起主款产品售卖到衍生包装产品开发的完整体系，在国内率先打造“文化休闲特产”品牌路线，多方位拓展品牌布局，实现品牌多元化发展。目前，“黑色经典”特产售卖区覆盖范围不断扩大，深受市场欢迎，持续助力各地美食文化传播。“黑色经典”获 2012 年度中国长沙“创业之星”称号、2018 中国餐饮品牌力年度最佳锐力餐饮品牌、2020 中国餐饮最具投资价值品牌、2020 中国餐饮创新力 TOP100“产品创新奖”。目前在湘菜餐饮品牌力靠前的“文和友”“蛙来哒”等新锐品牌不仅模式、营销创意出彩，而且锐意进取，勇于在全国开疆拓土。而徐记海鲜等本土湘菜品牌企业则有着扎实的后端实力。

长沙本地优质餐饮品牌众多，分布于不同的业态中，其创新能力和竞争力水平不断提升，呈现出健康稳定的发展势头，形成了具有一定影响力的湘菜餐饮品牌群（详见表 1–3），充分展现了旺盛的市场活力和良好的发展态势。

表 1-3　长沙市近 20 年来的主要湘菜餐饮企业一览表

序号	企业名称	创立时间（年）	发展理念
1	友友饭店	1993	做百年湘菜餐饮品牌的奠基人
2	长沙饮食集团	1993	传承湘菜正脉，谱写老灶华章
3	金太阳餐饮	1996	让食客沐浴“金太阳”光芒
4	壹盏灯	1997	传承正宗长沙本帮菜
5	冰火楼	1998	专注中国湘菜的创新和湘菜美学的传播
6	江南公社	1998	以经营本土湘菜为主
7	新长福	1999	餐饮人应该更有责任感
8	徐记海鲜	1999	敢为人先，大舍大得
9	旺府集团	2000	创业失败不气馁，东山再起更辉煌
10	金牛角王	2001	做企业永远要以人为本

续表

序号	企业名称	创立时间（年）	发展理念
11	秦皇食府	2003	用文化为湘菜注入活力
12	57℃湘	2004	让餐饮成为受人尊敬的行业
13	餐谋天下	2007	食之道 得于餐谋
14	田趣园	2008	归园田居，得返自然
15	炊烟小炒黄牛肉	2009	致力于挖掘和创新地道湘菜
16	黑色经典	2009	长沙臭豆腐
17	味上	2009	开创味上专属美食天地
18	湘村柴房	2009	“湘村”的味道
19	彭厨	2010	一起分享“彭友”的味道
20	湘西部落	2010	不忘初心，方得始终
21	文和友	2011	中国美食界的迪士尼
22	粟厨小炒	2012	专注于湘菜小炒
23	七号湘	2015	用泉水炒菜的餐厅
24	蒸浏记	2015	致力于打造中式快餐第一品牌
25	费大厨	2016	专注“湘菜头牌”辣椒炒肉

以上这些湘菜餐饮品牌企业，都是在长沙近二十年发展起来的具有一定影响力的湘菜餐饮主力军。在近20年里，长沙饮食集团旗下拥有火宫殿、玉楼东、杨裕兴、又一村等多家控股及参股子公司，其中火宫殿被认定为“中国驰名商标”和2020年长沙十大“网红”商业地标，玉楼东和杨裕兴被认定为“湖南省著名商标”。徐记海鲜将门店开到西安、武汉、深圳、上海等餐饮市场，目前已在全国拥有50家直营门店，

成为中国唯一入选2019年G20峰会的餐饮品牌，入选2020中国正餐企业TOP25。57℃湘旗下拥有“好食上”“吃饭皇帝大”“天然台1908”“侯师傅”等多个原创餐饮品牌，直营、加盟门店近150多家。新长福于2011年商标荣获国家工商行政管理总局商标局认定的驰名商标，拥有及经营八家高级食府，营业面积达28000多平方米，安排就业人数超2000人。秦皇食府・筷乐潇湘2010年被评为餐饮行业唯一一家“湖南上市后备企业”，曾获“中国餐饮百强企业”“中国餐饮文化象征企业”“中国湘菜十佳门店”等多项荣誉……长沙本土湘菜品牌名声大振，纷纷通过连锁化运营管理，走上对外扩张的道路，从长沙走向省内其他城市，继而实现真正意义上的“湘菜出湘”。

但相对于全国餐饮百强企业而言，整体竞争力较弱，仅有长沙饮食集团、秦皇筷乐、徐记海鲜等极少数在近二十年中进入了全国餐饮百强之列，目前尚无一家上市企业。近几年来，长沙逐渐成为“网红”城市，“茶颜悦色”“文和友”等餐饮品牌成为无数外来美食者的“打卡宝地”。上述众多企业所形成的湘菜餐饮企业品牌群已相当强大，在湖南乃至全国未来餐饮市场上的强劲发展势头是显而易见的，其所产生的社会影响力也将会越来越巨大。

（四）上下游产业融合加快，湘菜产业链逐步形成

湘菜产业链是指为社会公众提供湘菜及相关产品和服务的生产经营活动的集合，既包括传统的湘菜餐饮业，也包括湘菜的原辅料产业、食品加工业、物流配送以及衍生的电子商务、教育培训、文化旅游、健康养生等现代服务业。

伴随着湘菜市场的不断扩大，湘菜食材不仅数量的需求增大，而且对质量的要求页提升了。特色食材的发展潜力巨大，湘菜产业逐渐形成了一批较好的湘菜食材基地。食材基地的方式有几种，如政府组织的特色食材基地、企业集团签约的食材生产示范园区以及自建食材基地。宁乡资福镇以美食体验为切入点，打响了“湘菜食材基地，陶艺美食小镇”的乡村旅游品牌。通过流转土地，采取生态循环农业经营模式，进行标准化、规模化的种养和加工，为省内湘菜知名企业直接提供“从田间到餐桌”的专用食材，延伸了湘菜产业链。

湘菜产业与农业、食品加工业、商贸物流、电子商务、文化旅游、生态休闲、健康养生等产业加快渗透融合，产业链条基本形成。比如，“湘菜+旅游”的融合发展，以湘菜餐饮为主体的休闲农庄、农家乐等新型湘菜经营主体如雨后春笋般壮大成长。

（五）人才队伍建设新突破，职业院校助力产业高质量发展

中国餐饮业的高质量发展，关键在教育，核心是人才。为支持、培育、推动湘菜产业发展，长沙在不断努力。2013 年 4 月，长沙商贸旅游职业技术学院正式成立湘菜学院，用现代职教的方法来培养湘菜产业发展所需的企业人才和创业人才，这也是全国首家以地方菜系命名的二级学院。

“培养湘菜人才、传承湘菜文化、引领湘菜产业”是长沙商贸旅游职业技术学院湘菜学院在成立之初定下的目标。湘菜学院成立 8 年来，通过校企深度合作协同育人的方式，培养了新一代湘菜高素质复合型技术技能人才，并助推湘菜产业更优、更快、更好地发展。学院已联合湖南省餐饮行业协会、徐记海鲜、文和友等餐饮龙头企业共建湘菜产业学院，校企通过共同创新湘菜产业人才培养模式、开发合作课程、培养高水平师资团队等，构建校企命运共同体。按照“多元参与、公司化管理、双主体育人”的原则，近五年开设现代学徒制班 5 个，共建校外实训实习基地 37 个，打造“行企校”一体化人才培养新模式，共同确定“厚文化、爱餐饮、精技能、善创新”的人才培养定位，在专业建设和人才培养过程中不断深化产教融合，助力产业高质量发展。

（六）美食之都建设有成效，“舌尖上的城市”品牌效应凸显

文化是一座城市的灵魂。长沙美食，主要以湘菜为主，湘菜源远流长，战国时期屈原的《招魂》和《大招》中，就记载了当时的许多菜肴。长沙有着特殊的地理环境和悠久的历史文化背景，打造美食之都，是长沙人多年的梦想。早在 2010 年，由长沙市人民政府主办的长沙湘菜美食节，将主题定为“天下湘菜，美食长沙”，长沙致力于提升湘菜产业的核心竞争力，将长沙打造成以湖湘文化为底蕴，主流湘菜为标志，享誉全国、影响世界的美食之都，让长沙享有“舌尖上的城市”的美誉。

在长沙美食中，有三项吉尼斯世界纪录。一项是 2013 年 10 月 19 日在第二十三届中国厨师节上，一盘由湘菜学院名誉院长、湘菜大师许菊云领衔制作的“剁椒鱼头”，动用直径为 1.68 米的巨无霸盘子，加入秘制剁椒 15 斤、油料 5 斤、香菜等配料 20 余斤，经过 120 分钟猛火蒸制，共 20 名湘菜大师参与现场烹饪，成功创造吉尼斯世界纪录，并拍卖出 13.2 万元捐助给贫困山区。另外两项是世界上最大的“辣椒炒肉”和世界上最大的“浏阳蒸菜”。这一系列挖掘湘菜文化特色的措施，塑造了长沙美食个性鲜明

的特色品牌。

2017年，长沙相继获评“东亚文化之都”、世界“媒体艺术之都”“国际美食之都”等，使其国际知名度和美誉度与日俱增。2020年，长沙城市品牌影响力持续攀升，长沙获批首批国家文化和旅游消费示范城市，入选全国十大最受欢迎出游目的地城市，成为中国夜经济十强城市，还位居全国百强网红城市第8位。

在特殊的历史文化和时代背景下，长沙的餐饮市场愈加活跃，出现了一批现象级餐饮品牌，这跟湖南餐饮人的“霸蛮”性格也有关系：敢玩敢造，但也脚踏实地。长沙近几年诞生了如文和友、茶颜悦色、盛香亭、霸蛮米粉这样的消费品牌，网红城市长沙的标签越来越多，而具有品牌特色的地方小吃在长沙打造“国际美食之都”的进程中发挥着重要作用。当下国内餐饮界，几乎无人不识“文和友”。文和友自2011年创立，已形成了以超级文和友为核心，龙虾馆、臭豆腐、油炸社、流通食品IP、文创IP协同增强的文化美食品牌体系，致力于为城市居民打造痛快自在的市井生活方式，帮助有匠人之心的小商户传承发展，以富有创造性的文化美食公共空间驱动城市经济活力，带来不一样的城市烟火气。作为一个融合餐饮文化、地域文化、市井文化的商业综合体，文和友的愿景是成为“中国美食迪士尼”。有学者指出，无论是茶颜悦色的奶茶，还是复古环境下的文和友美食，长沙能够打动人心的是以美食为底色、以风景为配色的城市生活，本地生活越来越成为旅游城市的吸引力本源。

（七）多措并举力保食安，食品安全态势整体积极向好

民以食为天，食以安为先。对湘菜餐饮业来说，食品安全问题大于天。自2015年9月国务院食品安全委员会办公室将长沙列为全国食品安全示范创建试点城市以来，长沙市上下认真贯彻落实创建部署，抢抓机遇、多措并举、真抓实干，取得了阶段性成效。长沙市委、市政府在《关于深化改革加强食品安全工作的实施方案》中明确长沙市以构建预防为主、风险管理、全程控制、社会共治的食品安全治理体系为目标：到2020年，长沙市初步建立与长沙市经济社会发展水平相适应的食品安全治理体系，努力跻身国家食品安全示范城市行列。到2035年，长沙市要基本实现食品安全治理体系和治理能力现代化。

为全面打造百姓放心的食品安全环境，长沙市深入贯彻食品安全“四个最严”要求，即最严谨的标准、最严格的监管、最严厉的处罚、最严肃的问责，大抓餐饮业质

量安全提升，积极营造利于餐饮业健康发展的营商环境，加大市场监管力度，开展卓有成效的餐饮文化建设。坚持严字当头，齐抓共管，确保大众吃得放心、安心。在一系列举措下，目前长沙市内各学校食堂已经实现“明厨亮灶”全覆盖，民众在餐饮服务、食品安全领域的获得感、幸福感不断增强。

二、2020 年长沙市湘菜餐饮业发展情况综述

（一）湖南省湘菜餐饮业总体发展情况分析

1. 湖南餐饮市场发展放缓，整体竞争力排名全国前列

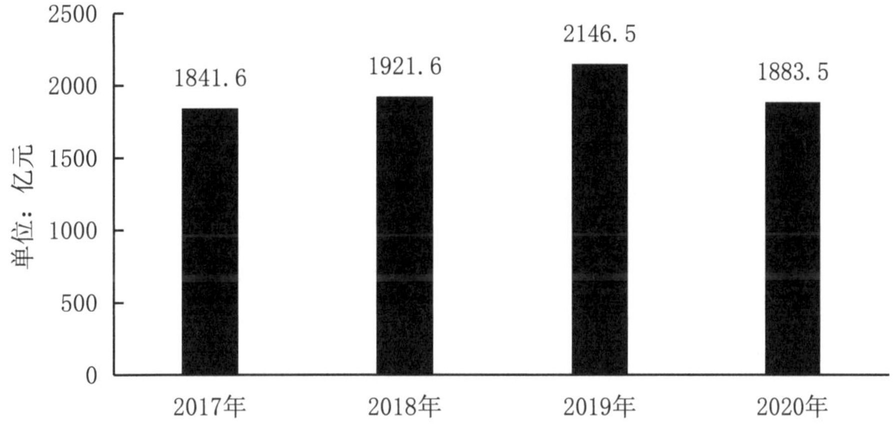

图 1-3　2017 年至 2020 年湖南省餐饮营业额增长走势图

数据来源：中国饭店协会（http://www.chinahotel.org.cn）

近几年，湖南省全年餐饮业收入总额一直持续保持高位增长，同比增长率一直保持在两位数以上，高于全国平均水平，充分彰显出了湘菜餐饮行业的无限发展活力。然而2020年初，新冠肺炎疫情暴发后，餐饮业受到巨大冲击。中国烹饪协会发布的《2020年中国餐饮市场分析及 2021 年市场前景预测》报告数据显示：2020 年全国餐饮业收入 39527 亿元，同比下降 16.6%，餐饮市场连续多年的稳定增长势头戛然而止。根据中国饭店协会统计数据显示，2020 年湖南省全年餐饮收入共计 1833.5 亿元，同比下降 12.3%（详见图 1-3）。

在全国餐饮业中，湖南省整体餐饮市场竞争力名列前茅，餐饮业营业总额排名为全国前十。湖南省在餐饮业恢复速度、上座率、体量等方面均名列前茅。在中部六省

中遥遥领先，释放出湘菜行业的无限潜力和势能。

2. 餐饮门店数量短期缩减，从业人数显著下降

疫情暴发初期，全国范围内餐饮企业整体闭店，无法正常营业，导致众多餐饮门店现金流断裂，面临前所未有的困境。湖南省商务厅、湖南省餐饮行业协会和《湘菜》杂志联合发布的《2020—2021 年湖南餐饮业发展与趋势报告》数据显示，全国湘菜产业目前从业人员 232 万人，同比下降 3.73%，餐饮企业门店 12.2 万家，北京、上海、广州、深圳四大一线城市的湘菜企业均在 6500 家以上，湘菜产业整体产值达 4300 亿元，湘菜企业数量也从原本的 4.2 万家缩减到现在的 4.12 万家，同比下降 1.9%。

3. 政府出台各项政策，促进行业复苏回暖健康发展

民以食为天，餐饮业是拉动就业的重要行业，这一关乎民生的行业深受国家、省、市各级政府的关注。产业的发展离不开政策的支持，尤其是在 2020 年这一特殊时期。新冠肺炎疫情暴发以来，国家、省、市各级政府有关部门为促进行业在疫情防控举措下尽快复苏，有效地推动了餐饮业的规范发展，陆续出台了一系列政策和措施，促进了行业复苏回暖和健康发展。湖南省餐饮行业协会、湘菜产业促进会及各市州餐饮行业组织，全力为行业服务，反映企业诉求，争取政策扶持，改善营商环境。

国家各部委积极调研，出台各项指导性文件，引导餐饮业积极健康向好发展（详见表 1-4）。

表 1-4　国家各部委 2020 年出台的相关指导性文件

序号	政策文件
1	市场监管总局办公厅关于印发《餐饮质量安全提升行动方案》的通知（市监食经〔2020〕97 号）
2	国家卫生健康委员会关于印发《餐饮食品营养标识指南》等 3 项指南的通知（国卫办食品函〔2020〕975 号）
3	市场监管总局办公厅关于印发《餐饮服务食品安全操作规范宣传册》的通知（市监食经函〔2020〕925 号）

续表

序号	政策文件
4	商务部卫生健康委 市场监管总局关于餐饮服务新冠肺炎疫情常态化防控工作的指导意见（商服贸发〔2020〕224 号）
5	商务部发布餐饮服务单位新冠肺炎疫情常态化防控技术指南
6	教育部办公厅关于印发《教育系统“制止餐饮浪费 培养节约习惯”行动方案》的通知（教发厅〔2020〕9 号）
7	国家市场监督管理总局关于政协十三届全国委员会第三次会议第 4141 号（商贸旅游类 108 号）提案答复的函 l 关于完善食品经营许可，推动连锁、中、小微餐饮企业复苏发展的提案（国市监提〔2020〕204 号）

湖南省政府相关部门也纷纷响应国家出台的各项支持政策，合力规范和推动餐饮行业发展（详见表 1-5）。

表 1-5 湖南省政府 2020 年出台的各项支持政策

序号	法律法规文件
1	湖南省餐饮质量安全提升行动实施方案 2020—2023(湘市监食〔2020〕194 号)
2	湖南省市场监督管理局关于印发《湖南省小餐饮经营许可和食品摊贩登记管理办法》的通知（湘市监食〔2020〕206 号）
3	湖南省总工会、湖南省财政厅《关于进一步动员全省广大职工工会会员积极消费繁荣市场发展经济的通知》
4	长沙市市场监督管理局关于大型连锁餐饮服务企业食品经营许可试行告知承诺制的公告
5	湖南省商务厅 湖南省发展和改革委员会 湖南省财政厅关于开展住宿餐饮行业应对疫情影响加快复工复业新增就业补贴申领的通告（湘商服〔2020〕8 号）

续表

序号	法律法规文件
6	湖南省人民政府办公厅印发《关于支持住宿餐饮行业应对疫情影响加快复工复业的若干措施》的通知（湘政办发〔2020〕17 号）
7	湖南省市场监督管理局关于开展餐饮服务提供者食品安全自查工作的通知（湘市监食〔2020〕43 号）
8	关于开展“一桌餐”“私房菜”等无证无照餐饮单位专项治理的公告

长沙市政府也积极响应国家和省政府号召，出台各项具体落地政策，采取政策支持、发放电子消费券和消费补贴等措施，共同推动餐饮企业的复苏与发展。随着疫情形势趋于稳定，长沙市湘菜餐饮市场发展明显好转。

（二）2020 年长沙市湘菜餐饮业发展情况分析

在一系列救市政策的影响和带动下，2020 年，长沙市餐饮业实现零售额 365.37 亿元，下降 6.2%。长沙市湘菜餐饮业 2020 年分阶段呈现以下特点：疫情暴发期，为了确保疫情防控战获得全胜，防疫防控压倒一切，各餐饮企业基本处于停业状态，除了部分企业采取外卖运营，堂食全面禁止；随着疫情影响逐渐减弱，长沙市降低风险等级为低风险地区，为尽可能降低疫情对经济的影响，长沙市湘菜餐饮业得以在疫情防控常态化的阶段较早开始按下启动键，餐饮企业在采取严格防疫措施下积极开展复工复产；后期疫情稳定进入常态化防控阶段，长沙市湘菜餐饮业全面实现复工复产。

1. 上半年受疫情影响的基本情况

第一个月，餐饮行业几乎停滞。根据国家疫情防控政策安排，全面禁止堂食，全国各地尤其是疫情防控严峻的地区，生产、生活几乎停摆。经由世界中餐业联合会和红餐网联合发布的《新冠肺炎疫情对中国餐饮企业影响情况调研报告》中测算，仅 2020 年大年三十至正月十五期间的餐饮收入损失约为 3200 亿元。通过调研数据发现，面对“第一季度门店增减情况”，53.7% 的餐饮企业表达出不同程度的关店意愿。

根据湖南省商务厅、湖南省餐饮行业协会与《湘菜》联合发布的《2020—2021 年湖南餐饮业发展与趋势报告》数据显示：2020 年春节，餐饮行业因受到突如其来的新冠肺炎疫情的强烈冲击，造成了巨大的经济损失，湖南省餐饮企业损失超 20 亿元。往年春节假期开工率在 70% 左右，今年不到 30%，正月初七后开工率也未达到 40%。以蛙来哒为例，原本预计春节前后 10 天的营业额是 6000 万元到 1 亿元，受疫情影响变为 0 元，但租金、员工工资这些固定成本支出不变，所以上半年现金流非常紧张。

值得庆幸的是，在湖南省委、省政府的坚强领导下，湖南省疫情防控成效显著，截至 2 月底，湖南省餐饮企业复工率在 10% 左右，大部分已复工企业经营形式以外卖为主，包括冰火楼、徐记海鲜、秦皇食府、新长福、香他她等企业均开展了外卖配送。3 月中旬开始陆续复工，据湖南省市场监督管理局发布数据显示：截至 4 月 27 日，湖南省餐饮行业总体复工率达 86%，网络餐饮行业复工率达 90%，各大餐饮企业业务量恢复至往年的六成左右。6 月底，餐饮企业已基本实现全面复工。

在餐饮业营业额方面，其中湖南省上半年餐饮业营业额仅为 629 亿元，同比下降 39%，第一季度受疫情影响最为严重，第一季度餐饮业营业额仅为 163 亿元，比去年同期下降了 59%。

长沙市统计局数据显示，1 月至 6 月，全市社会消费品零售总额 1976.77 亿元，同比下降 6.6%。餐饮业实现零售额 154.58 亿元，下降 12.9%。

2. 上半年受疫情影响的主要特点

（1）政府精准施策，多措并举帮扶企业渡过难关

新冠肺炎疫情发生以来，为统筹推进疫情防控，有效应对疫情对经济社会发展的影响，扎实做好“六稳”工作，全面落实“六保”任务，国家和湖南省政府陆续出台了一系列政策措施，特别是为帮助企业渡过难关，提出了大量管用、实用、好用的优惠政策和帮扶措施，引导消费需求、提振市场信心，为推动企业复工复产、恢复经济活动和促进经济社会稳定发展起到了重要作用。

1 月至 2 月，以疫情防控为主，监督企业做好疫情防控。2 月底，积极推动企业开通外卖服务。3 月中旬开始推动复工，准备启动消费刺激政策。3 月下旬至五一节期间，是实现复工复产和扩大内需的加速期，是把被抑制、被冻结的消费释放出来的关键期，是把在疫情防控中催生的新型消费、升级消费培育壮大起来的成长期。3 月 27 日，为动员全社会积极消费、繁荣市场、稳定就业，扶持中小微企业，促进经济社

会稳步健康发展，湖南省总工会、湖南省财政厅联合下发《关于进一步动员全省广大职工工会会员积极消费繁荣市场发展经济的通知》，将全年可发放的慰问费以消费券形式提前一次性发放给全体职工和工会会员，消费券可在湖南省内任意线下实体商家中使用，并号召一些困难的小微企业、贫困地区、优质农产品、湘字号品牌开展“爱心购物”和消费扶贫活动。4月1日起，“春天有约·长沙消费季”重头戏“春回潇湘百业兴”活动拉开帷幕。“湘消费”拉动消费杠杆效应明显，覆盖湖南省14个市州，包括餐饮、商超、旅游、零售等各服务行业。

为刺激消费，由湖南省委办公厅接待服务中心主办、《大湘菜报》等单位承办的“湖南米粉大擂台”活动于4月14日至23日举办。“湖南米粉大擂台”聚齐湖南省14市州48家米粉名店、124种特色米粉、123款风味小吃，现场销售各类米粉近2万公斤，总额逾100万元，各类订单和采购金额逾100万元。

4月20日，湖南省人民政府办公厅印发《关于支持住宿餐饮行业应对疫情影响加快复工复业的若干措施》，支持受疫情影响严重的住宿餐饮行业渡过难关，进一步恢复市场活力，尽快实现行业平稳健康发展。文件提出，省级财政将统筹安排2亿元住宿餐饮行业纾困资金，主要用于信贷风险补偿、担保风险代偿、新增就业补贴等。

4月24日，湖南省发展和改革委员会牵头，召集省商务厅、省财政厅、省人力资源和社会保障厅、湖南银保监局、省市场监管局等相关厅局，研究具体实施细则。省商务厅、省发改委、省财政厅等部门统筹安排1亿元纾困资金，切块下达给各市州用于住宿餐饮行业新增就业补贴。在省内注册，具有法人资格，依法缴纳税收，信用记录良好，无违法违规行为，2020年6月30日前恢复营业的住宿和餐饮企业、个体工商户可以到各市州商务部门申请。

5月25日，由群星会打造的第四届湘菜食材峰会在长沙举行，活动以“千万让利·共克时艰”为主题，吸引到40多家食材及调味品生产厂家积极参与，来自全国各地数千名湘菜食材经销商及连锁餐饮负责人到场采购，全天交易额破亿元，是疫情之后湘菜界首场食材展览，以真实最低价让利为核心承诺，助力全国湘菜餐饮企业及经销商疫后复苏。

（2）拒绝食用野生动物

新冠肺炎疫情暴发后，拒食野生动物的呼声空前高涨，野生动物成了餐桌上明令禁止的食材。2月24日，十三届全国人大常委会第十六次会议表决通过了《全国人大常委会关于全面禁止非法野生动物交易、革除滥食野生动物陋习、切实保障人民群众生命健康安全的决定》（下文简称《决定》）。《决定》中明确表示，禁止食用人工繁育、人工饲养的陆生野生动物，对市场上摆卖食用野生动物的摊位、门店、野味餐馆等场所一律依法予以关闭、查封，对网络发布的食用野生动物交易信息和其他非法野生动物交易广告一律依法予以清除。交易市场严禁交易野生动物及其制品，包括人工养殖的野生动物，主要包括人工养殖的蛇类、鳄鱼、娃娃鱼等。

3月，多位湘菜大师、餐饮湘军行业代表联合发声，呼吁湖南全体餐饮业同行一起践行“拒食野味，从我做起”的倡议。全国各地纷纷开展整治行动，与野味相关的餐厅、菜品等被叫停。疫情发生后，长沙各级林业主管部门会同市场监管、公安、农业农村等部门，对集贸市场、餐饮等重点经营场所开展联合检查，加强对野生动物检查执法力度，对涉及野生动物的违法违规行为，严禁降格处理，严禁以罚代刑，涉嫌犯罪的移送司法机关处理。

牛蛙因为和野味青蛙一字之差，最先被卷入“禁食风波”。以牛蛙为主打的品牌因此受到了很大的牵连，长沙餐饮企业蛙来哒便是其中之一。一开始还只是在行业内部，牛蛙被相关部门要求暂停销售，被外卖平台下架、点评平台屏蔽门店信息。后来这场风波从行业蔓延到消费端，在微博上引起了一场关于“牛蛙是否可以吃”的大讨论，“牛蛙”因此多次登上微博热搜。3月4日，国家农业农村部印发通知明确指出，将中华鳖、牛蛙、美国青蛙等列入《国家重点保护经济水生动植物资源名录》和《水产新品种》名录等，按照水生物种管理，可养殖食用。

经过“野味禁食”风波和新冠肺炎疫情之后，牛蛙品类的发展前景或将更开阔明朗。此前，牛蛙养殖因为无法界定是水产养殖还是两栖动物养殖，处境非常尴尬。如今被正式规范到水产养殖名录中，上游养殖户的养殖和管理也会更规范合法。蛙来哒在疫情后，投入更多精力去关注和推进上游养殖的生态化、无害化中，加大对产品本身的安全保障，推动整个产业链向更良性的方向发展。

（3）餐饮抗疫做表率

2月29日，湖南省湘菜产业促进会组织“湘情湘味送乡亲”活动，由20多家企业提供的优质大米、食用油、蔬菜、调料、预制菜、水果及各式包点等约5万件价值逾百万元的湖南优质食材，被发往湖南省赴鄂医疗队总指挥部所在的黄冈市，为湖南省奋战在抗疫一线的医护人员，送去一份餐桌上的温暖。

3 月 4 日，由湖南省商务厅指导、湖南省餐饮行业协会组织的“湘味浓情”物资捐赠行动，载着 17 家湘菜产业品牌企业捐赠的湘菜预制菜、方便菜、佐餐菜、面点主食等 50 余种产品的车队从长沙发往武汉。其中，永州血鸭、浏阳火焙鱼、祁阳曲米鱼、梅菜扣肉、湘西外婆菜、剁辣椒、腊八豆等湖湘特产均在列。通过复核后的物资由武汉市餐饮业协会根据湖南医疗队分布区域、人数及需求，于 5 日上午分别送达各驻地的后厨。

疫情期间，长沙餐饮企业文和友在停止堂食、集中全力做好外卖的同时，为解决附近复工企业用餐困难，他们还推出了企业团餐服务，并为附近的一线医务人员、社区工作人员提供免费便当。

（4）“堂食 + 外卖”创新自救

2020 年是外卖业天翻地覆的一年。在 2020 年，外卖的含义其实已经扩大化，它已经从餐饮扩大至整个生活。但不可否认的是，外卖在一些人的定义中，依然是餐饮外卖的代名词。

在疫情的冲击下，整个行业发生了很多趋势性变化，特别是行业数字化、品牌化、本地化程度更高，消费升级趋势更加明显。餐饮企业在继续严格落实消杀制度的同时，不断创新发展模式积极自救。疫情期间，原本无外卖业务的餐饮企业在疫情严峻、自身业务受到猛烈冲击的情况下，也纷纷试水外卖业务和开发预制菜产品，开启了新的业务增长点。冰火楼、徐记海鲜、秦皇食府、新长福等原先以堂食为主的餐饮企业都开展了外卖配送。疫情期间，餐饮业总营收 75% 由外卖拉动。疫情发生后，湘水味派菜园子改变原来只有堂食的营运模式，开启净菜、预制菜的外卖之路，颇受消费者欢迎。净菜、预制菜成为疫情之后其利润增长的亮点。餐厅收入来源构成调整为：堂食 60%，外卖 15%，净菜外卖 25%。

疫情让餐饮经营者压力增加的时候，外卖给予了经营者更多的机会。美团外卖数据显示，截至 6 月 15 日，长沙外卖夜市在全国排名前列，超过四分之一的长沙商家外卖订单量超越疫情前，有不少知名餐饮商家的外卖订单量占了营业额的“半壁江山”。

而外卖平台也从没有像 2020 年一般有如此多的争议。关于其高昂的佣金，关于其对于外卖小哥的压榨，关于其逼迫商家二选一的传言……外卖成了餐饮行业一种“快乐并痛着”的存在。协会纷纷提出倡议，希望外卖平台降低佣金，助力餐饮企业度过艰难时刻。倡议并不一定能达到效果，外卖市场的发展亟须法律的细致约束。

外卖在营业额中的比例提高后，对于餐饮经营者来说，还面临另一个困境，国家限塑令的升级、安全要求的提高，这些都倒逼餐饮经营者改进外卖的材料和手段，显然，最终会使得外卖经营成本增加。

（5）食品安全关注度和满意度显著提高

食品安全关系人民群众身体健康和生命安全，新冠肺炎疫情这一突发公共卫生事件发生后，人民对食品卫生安全的关注度提升到前所未有的高度。餐饮业在“保民生”“稳就业”“提振消费”“带动社会经济复苏发展”等领域的重要作用，使人民对餐饮业早日回归常态抱有较高期待。2月以来，餐饮业主动创新经营方式“求生存、保发展”，长沙市政府也多维度助力餐饮业的疫后重振。

长沙市新型冠状病毒肺炎疫情防控指挥部于3月12日发布《关于餐饮业复产复工和疫情防控有关事项的通知》，强调各地各部门要督促复产复工的餐饮单位，按照相关防控要求严格落实从业人员管理、场所清洗消毒、原料采购管理等，强化经营服务防控措施，确保安全稳妥复产复工。长沙市市场监管系统按照疫情防控指挥部的责任分工，牢牢守住安全底线，立足市场监管职能，切实把好每一道关口，筑牢每一道防线，坚决遏制疫情扩散。

随着复工复产的推进、餐饮行业逐渐复苏，也给餐饮企业如何保障食品安全带来新的“挑战”。长沙杨裕兴在各类餐饮企业中率先恢复堂食业务。各门店按照有关规定严格落实防疫举措，包括对返岗工作人员的健康检查、消毒等，入店的顾客既需经过体温监测，还需进行身份登记，堂食业务要求一个人坐一张桌子。为确保客人就餐安全，火宫殿重设服务流程，在等位区对来店顾客进行测温，提供消毒毯、鞋底消毒用具，设立客人口罩遗弃箱；在外卖员取餐专区，对外卖员进行测温、手部消毒等；在服务环节，服务员佩戴口罩，为顾客提供免洗消毒酒精，上菜时佩戴一次性手套或使用工具辅助上菜，避免手部与菜品接触，每个菜品主动提供公筷公勺等。在七号湘餐厅的后厨，每个岗位的职责、标准和流程张贴在显眼处，厨师所用的工具都有自己的“家”，有的挂在墙上，有的放在架子上，一一贴上标签和使用说明，确保使用者用的时候不会拿错。在厨房里，可以随处看到贴有绿色、红色、蓝色标签的盒子，红色表示生食，蓝色表示熟食，能有效地避免食物间的交叉感染，使食品的安全更有保障。

3. 下半年复工经营的基本情况

面对突如其来的新冠肺炎疫情，我国经济在经历年初的冲击后，到下半年逐渐恢复，走出一条令人振奋的反弹曲线，各类经济指标由负转正印证着中国经济稳健前行的步伐。

根据国家统计局数据显示：2020年，餐饮业收入比上年下降16.6%，降幅比前三季度收窄7.3个百分点。其中，第四季度餐饮业收入同比增长0.2%，季度餐饮市场规模恢复至上年同期水平。根据公开资料显示，湖南省7月至9月呈稳步上升趋势，并在10月国庆期间迎来小高峰，第三季度餐饮业实现销售额约563亿元，同比增长13.56%，这也是2020年以来湖南省首次实现餐饮业增长。第四季度，餐饮行业热情不减，市场表现为稳中有升，行业整体发展呈现金字塔态势，第四季度湖南省餐饮业营业额为598亿元。

疫情走向常态化防控，消费热情较上半年有所上涨，尤其表现在国庆黄金周这一消费爆发时期。国庆黄金周作为疫情常态化防控以来的第一个超长假期，是观察国民消费的黄金窗口。据湖南省商务厅监测数据显示，10月1日至8日，湖南省餐饮重点监测企业销售额约40亿元，销售额比去年十一黄金周增长6.11%。据反馈，文和友国庆假期每天客流量大概有12万人次，单日发放排队号最高达3万次；茶颜悦色的12家社区店暂时关闭，抽调其全部员工支援五一广场等A级商圈门店。

4. 下半年复工经营的主要特点

（1）政府监管趋严，引导餐饮行业高质量发展

疫情常态化防控背景下，政府监管并未放松，并且应时出台各项相关行业规范，引导餐饮行业健康高质量发展。

湖南省市场监督管理局于2020年11月份发布的《湖南省餐饮质量安全提升行动实施方案（2020—2023）》明确指出：倡导文明就餐，鼓励服务升级。认真落实餐饮服务新冠肺炎疫情常态化防控工作要求，使用公筷公勺、聚餐分餐制、减少使用一次性餐具；牢固树立“节约粮食、制止餐饮浪费”的思想，引导消费者适量点餐，开展“光盘行动”；主动向消费者作出餐饮食品安全和餐饮服务质量的承诺，并在经营场所、菜单、外卖餐食的包装上提供有关“减油、减盐、减糖”等健康饮食宣传内容。鼓励

餐饮服务提供者推动“互联网 + 明厨亮灶”，主动向消费者公开加工制作过程，接受社会监督。2020 年 12 月，湖南正式发布《餐饮服务食品安全量化分级及示范店评定规范》团体标准（以下简称《标准》），该《标准》将餐饮行业量化分级工作打造成行业自律、社会共治的载体，保障老百姓“舌尖上的安全”。

（2）规模以上品牌逆势上行，加速开疆扩土

尽管疫情给餐饮行业造成了一定程度上的波动，但当前我国餐饮行业的巨大潜力依然存在，并有望成为拉动消费增长的新引擎。在疫情进入常态化防控期间以后，部分规模以上品牌逆势上行，加快了对外扩张的脚步。在此背景下，能够平衡质量与效率的餐饮企业或将迎来窗口期。

徐记海鲜、炊烟小炒黄牛肉、味上等知名湘菜餐饮企业逆势扩张，在湖南本地或省外加快扩张步伐，抢占市场。如，徐记海鲜武汉店于 2020 年 6 月开业，深圳店于 12 月份筹备开业，且 2020 年徐记海鲜前所未有地实现了外卖销售额突破 1 亿元，占整体销售额近 10%。炊烟小炒黄牛肉新增加门店 4 家，装修升级门店 1 家，目前约有 1500 位从业人员，较 2019 年同期增加了 15%。费大厨荣获“2020 全国甄选餐厅聚会人气奖”，走出湖南走向深圳，受到消费者关注，迅速成为日均客流最量多、翻台率最高的正餐品牌，成为真真正正的商场餐饮人气王。味上湘菜馆发展也没有放缓，2019 年新开了味上凯德壹店、味上凤凰海店、味上镇江店、味上乐和城店、味上阿波罗店、味上高铁吾悦店等 6 家直营门店，2020 年筹建味上世茂环球中心店、味上宜家店、味上龙湖天街店。本土饮品茶颜悦色开始走出长沙，在省内常德开设店铺，省外武汉店 2020 年 12 月正式营业。在行业艰难时刻，长沙市湘菜餐饮企业一直在默默坚毅地负重前行。

（3）“夜经济”助力发展，散发更多人间烟火气

下半年，疫情常态化防控背景下，市场活力逐渐恢复，国民经济稳定复苏。夜经济扮演着重要的角色，成了反映一个城市快速复苏的重要特征。夜经济发挥着扩大内需、繁荣市场、创造就业、提振信心、展现特色文化的多重功能。

湖南以长沙为首大力发展夜经济，推动消费升级，升级商圈，打造夜经济消费场景。

7 月 26 日晚，由长沙市人民政府主办的首届“夜星城”消费节活动于长沙黄兴南路步行商业街中央广场正式启动。活动通过一系列促消费主题活动，提供吃、住、行、游、购、娱于一体的消费新场景，引导本地市民和外地游客来长沙消费，促进商贸文

旅会展融合发展。芙蓉区、岳麓区、雨花区、望城区、宁乡市等区县（市）也纷纷推出特色促销活动，点亮长沙夜经济。

据观察，国庆期间，长沙坡子街、冬瓜山等美食集中区呈现久违的人潮涌动场景。长沙夜经济品牌彰显，成功培育出文和友、火宫殿、茶颜悦色等40多个享誉全国的网红品牌。先后评为中国“十大夜经济影响力城市”“十大美好生活城市”。

根据湖南移动数据显示，2020年6月至9月，本地游客更偏好冬瓜山、南门口、书院路等老牌美食地点，外地游客则到访坡子街、文和友小龙虾等具有浓重长沙品牌特色的美食街区较多。百度搜索数据显示，长沙夜食最爱关注的类型为奶茶——茶颜悦色。美团外卖数据显示，在长沙晚上10：00后，外卖最受欢迎的前五品类分别是烤串、米粉/米线、炸鸡/鸡排/炸串、小龙虾、快餐。

作为“新一线”城市的长沙，夜间经济发展正在赶超一线城市。数据显示，长沙在晚上10：00之后的消费活力，在全国来说都是独一档的。据长沙商务局相关报道，目前长沙已形成了以五一商圈为核心，太平街、坡子街、都正街、黄兴南路步行街为辅的“夜间经济”示范区；以国金中心、万家丽国际MALL、步步高梅溪新天地等为代表的时尚消费中心；形成了一批“夜间经济”特色街区，如东瓜山烧烤一条街、坡子街“老字号”集中街区、渔人码头湘江风光带等。在“夜间经济”中，餐饮业发挥了极其重要的作用。

（4）加强食品安全监管，以标准带动行业发展

一是加强食品安全监管。2020年以来，长沙市压实党政同责，增强工作合力，通过持续深化源头治理，切实加强日常防控，常态坚持严惩重罚，进一步强化监管打击力度。同时，深入开展食品安全大排查大整治百日行动，推进“互联网+明厨亮灶”、肉品智能交易监管平台和食品安全追溯体系等建设，加强示范引领，动员群众参与，在全市营造浓厚的创建氛围。如在开福区清水塘街道，在餐饮店内安装摄像头，通过食品安全智慧云管理平台，将视频信息连入外卖平台，让消费者都能在线观看餐饮店的后厨操作情况，实现网络动态监管。同时，这些直播信号也会接入街道市场监管所、食安办的电脑，让基层监管手段更先进、常态化工作更有效。又如湖南国皓网络技术有限公司的肉品智能交易监管平台采用了大数据、云计算、人工智能、区块链、移动互联网等技术，实现了《肉品品质检疫合格证》和《动物检疫合格证明》的网上流转，实现了肉品的全程可追溯。

二是以标准带动行业发展。12 月，湖南正式发布《餐饮服务食品安全量化分级及示范店评定规范》团体标准（以下简称《标准》），将餐饮行业量化分级工作打造成行业自律、社会共治的载体，保障老百姓“舌尖上的安全”。该《标准》由长沙市饮食安全协会等 17 家单位联合起草，历时 8 个多月，经过数轮修改讨论和广泛征求意见后发布。《标准》以建立餐饮服务量化分级评定和餐饮食品安全示范店评定的流程和要求为出发点，参照市场监管部门对各类餐饮单位食品安全的日常监督和检查要点，依据《餐饮服务食品安全操作规范》的要求，结合中国烹饪协会《餐饮服务量化分级团体标准》，明确了餐饮服务食品安全量化分级及示范店评定的评价细则和示范店参评单位的必备条件。《标准》主要包括餐饮服务食品安全的量化分级及示范店评定的术语和定义、评定原则与依据、基本要求、评定要求、评定结果、评定流程和违规处理的要求等内容。

长沙市市场监管部门致力于推广标准体系，提升餐饮企业的管理水平，先后在 21 家大中型餐饮经营单位、学校食堂托管单位导入了 LESS 厨房现场管理体系，麓山国际实验小学、大米先生湘雅附三店等八家餐饮机构，先后被授予“食品安全标准化管理示范单位”称号，推动了餐饮行业的标准化管理。

（5）潜心苦练内功，挖掘与传播湘菜文化

2020 年疫情影响下，餐饮业按下了暂停键。与此同时，也为餐饮业业界人士提供了更多的潜心学习和沉淀的时间，在一定程度上加快了湘菜文化挖掘和传播的脚步。长沙市举办了一系列文化挖掘相关活动，如“湘菜大师走基层”“米粉大擂台”等活动。

7 月 13 日，由湖南省餐饮行业协会组织的“湘菜大师走基层”系列活动正式启动，湘菜大师们在餐饮门店亲自演示做菜过程并加以讲解；与大厨们深度交流，分享诸多烹饪干货；湘菜泰斗们现场观摩并提出建议，只为助力餐饮企业解决最核心的“菜品”问题，在学习和交流中提升核心竞争力。8 月 11 日，由湖南日报报业集团大湘菜报社组织编纂、湖南人民出版社出版的我国第一部系统介绍湖南米粉的专著《嗦粉 • 一碗湘粉韵味长》面世。9 月 18 日至 20 日，由商务部、湖南省人民政府主办的 2020 中国国际食品餐饮博览会在长沙国际会展中心成功举办。本届食餐会以“创新融合，品质消费”为主题，共吸引了国内外 2000 余家企业参展、近万家企业采购，展品超过 5 万种。在餐饮理念、展位搭建、产品包装上大力倡导“厉行节约，杜绝浪费”的新理念。除了美食，展会还设置了包括中国餐饮数字化发展大会、2020 中国咖啡师团体锦标赛、

2020湘菜大师名师晋级赛暨中国流行菜烹饪大赛等30余场丰富多彩的活动。

除此以外，企业在疫情期间努力修炼自身技艺，进行菜品研发和文化挖掘。如湖南知名餐饮企业新长福一直致力于挖掘中国饮食文化，希望成为独树一帜的，有文化高度、情感温度的，受人尊敬的餐饮品牌。10月推出的汉膳大师宴就是新长福致敬中国餐饮文化的奠基大典。在汉膳大师的理念诠释中，“汉”代表中国，“膳”为美食，“大师”则是标准。此次汉膳大师宴用视、听、品相结合的方式，演绎人类从茹毛饮血到堂前煎灼的文明进程，中国文化药食同源的神秘关联，大海、森林、原野中三种顶尖食材组合成美食的三重奏，湘菜与中国美食的考古溯源，海洋君主帝王蟹与辣椒皇后陈年剁辣椒的激情碰撞，还有“美食不如美器”的奇异之论，使人身临其境，知其意，品其味。为了深入挖掘传承中华饮食历史文化，新长福和湖南文物考古研究所达成战略合作，并在宴会上正式签约，将建立“湖南中华饮食实验研究基地”，共同研究和开发马王堆汉墓和沅陵虎溪山汉墓出土的“美食方”菜谱。

（6）疫情催生半成品消费习惯，预制菜发展迅猛

2020年受疫情影响，消费者不得不将餐饮相关的消费场景由线下转向线上，许多消费者养成了购买外卖或者线上购买食材自己做饭的习惯。虽然疫情影响已经逐渐消退，但是消费者习惯的改变仍需要一个过程，许多餐饮企业也借此契机大力发展线上业务，包括外卖及半成品、熟食的零售等。

湘菜预制菜的出现有效解决了餐饮企业菜品工序复杂、耗时费力、标准不一的难题，也满足了消费者在家中就能品尝到便捷美味的湘菜需求，受新冠肺炎疫情及餐饮零售化影响，预制菜从餐饮后厨走入万千家庭餐桌，普通个体消费者消费需求猛涨。同时，电商零售渠道成为众多预制菜企业布局的新战场。

绿盛农业作为湖南省首家团餐菜品提供商，能为企业提供菜品定制化服务，采购全程可追溯、留样集中存档、智能配餐保障膳食营养均衡。聪厨等预制菜企业在疫情期间在线上的销售额增长迅猛。深耕湘菜预制菜18年的聪厨食品，一跃成为中国预制菜行业知名企业，特别是在湘菜产业领域，无论在市场占有率、生产规模上，还是在品牌知名度方面，均堪称湘菜预制菜行业的龙头企业，促进了中国预制菜食品安全健康发展，其产品享誉全国、远销非洲。该企业坚持对预制菜“产前、产中、产后”的全程跟踪和管控，确保生产的每一份产品都安全可控。他们运用传统工艺加现代标准化流水线作业，在保证原料安全可靠的基础上对初级农产品进行前期加工，通过加

热或蒸炒等方式，再经过卫生、科学包装，形成了能够加热即食的便捷菜品。同时，在保持经典口味的同时，实现湘菜菜肴的标准化、工业化、规模化制作。公司大力投入自动化生产设备、建设自动化运转车间，更是有了行业首家“医药级”车间。坚持自动化管理生产过程，高标准高要求每一道工艺，不仅大大提高了生产效率、保证了食材高度化的统一性，也减少了人员手工劳动对产品带来的安全风险。产品从原料入厂到产品生产中的每一环节均有专人监测，统一传送至冷冻库，在零下38摄氏度环境下15分钟内急速锁鲜，运输物流中全程冷链配送，终端皆为冷柜展示，从出厂到消费者手中始终确保食品安全。

（7）湘菜餐饮企业寻求数字化转型

随着移动端信息科技的发展完善，消费者每天都会暴露在各种信息来源之下，各种广告推送及KOL发布的内容都会对消费决策产生影响，由此产生了备受追捧的网红店及产品。然而随着不断滚动的信息覆盖，消费者的注意力又会转向新的业态及产品，因此预测消费者的偏好、不断抓住消费者的注意力成为众多餐饮企业必须面临的挑战。

此次疫情却让中国各行业对数字化的态度来了一个大转弯，数字化从“可选项”变成了商业竞争和社会生活的“必选项”，在疫情面前，数字化不再是一道选择题。

疫情期间，餐饮零售、餐饮直播、智慧餐厅等新模式悄然兴起，为餐饮行业变革升级注入了新活力。随着大数据、人工智能、5G的新兴技术的成熟，餐饮行业的数字化变革进程将会提速，运用数字化技术对餐饮商家产品研发、供应链管理、精准营销实现深度赋能，将成为市场发展的主旋律。数字化作为餐饮行业供给端的核心推动力，从前端消费者体验优化、顾客引流，到后端供应链管理降本增效都产生了颠覆性的影响。

在抖音看见新生意，每个企业都在探索自己的最佳转化路径。餐饮行业因准入门槛较低向来竞争最为激烈，企业想杀出重围，更需要利用移动互联网，让更多人看到自己的品牌和产品。《2020抖音企业经营白皮书》建议，企业需借助商家主页、团购、预约、门店地址、人群管理等功能和服务，将线上的潜在客户转化为线下消费者。

国庆假期间，抖音在国家文化和旅游部市场管理司的指导下，发起了“DOU来‘约’饭——节约美食，文明旅游，为中国加分”活动，发起“文明旅游约美食”话题，让网友们分享假期旅游“约”饭的新玩法。“DOU来‘约’饭”直播活动来到长沙，抖音美食主播@子墨测评日记带网友先探访了有着两千年历史的太平老街，又在最具长沙特色的贾谊故居为网友介绍大观楼、祠堂等人文风景，并且在美孚洋行和网友聊起湘绣及湖湘文化。长沙美食的分享中，走进有名的娟娟餐馆，品尝特色菜肴，随后又试吃有名的文和友臭豆腐、胡记炸炸炸、现刮凉粉，还在新兴美食馆“茶颜悦色”品尝老茶新作的味道。抖音美食主播@子墨测评日记与网友互动时也提醒大家，不要盲目参照大胃王的吃播行为，请合理节约粮食享受美食。此外，还带网友探访望城——新华联铜官窑古镇，分享长沙人文历史风貌，以及长沙甜品、小吃等经典美食，并再次呼吁既然美食难寻，更要养成节约的好习惯，至此得到了网友们的连连点赞。

三、存在的问题及发展建议

（一）存在的问题

虽然疫情已经得到有效控制，但在疫情常态化防控背景下，长沙市湘菜餐饮业面临着与疫情前相比更大的困难和挑战，主要存在以下问题：

1. 成本费用支出压力大，行业生存发展压力大

中国饭店协会发布的《2019中国餐饮业年度报告》显示，行业平均人力成本和租金成本占餐饮企业营业收入32.67%，行业平均原材料成本占营业收入的41.31%。可见即使在非疫情这一特殊时期，餐饮行业的“人力成本、食材成本、房租成本”这三座大山已经让餐饮企业遭受着沉重的压力。而遭遇新冠肺炎疫情后，餐饮行业出现了大范围的停业状态，短则一个多月，长达几个月。在停业期间，营业收入大幅降低，但依然会产生巨大的人力成本、房租成本、库存压力等。即使在复工复产以后，短时期难以恢复到疫情前的业绩，各项成本占比更重，对餐饮企业的现金流提出了严峻的挑战。

2. 中小微企业竞争力弱，抗风险能力差

我国餐饮行业集中度低，呈现多而分散的形式，其中，中小微企业占据了餐饮业的主体体量。主要原因有以下几点：首先，国家积极扶持大众创业的政策，形成了创业的文化氛围，中小微企业成了创新创业的先锋。其次，中小餐饮店创业金额门槛较低，餐饮主题更新速度快，加上外卖行业的快速兴起，一定程度上促进了中小餐饮门店的发展。在疫情中，中小微企业由于体量不大、实力不强、自身的抗风险能力比较弱，

更容易受到疫情的冲击。尤其对于那些个体、微小的餐饮企业，问题就更加突出。

3．连锁品牌竞争力弱，缺乏湘菜领军品牌企业

2020年受疫情影响，湘菜餐饮业受到冲击巨大，商家经营趋于艰难，部分餐饮业商家迫于现金流压力退出市场，商家数量下降趋势明显，或需要转变经营方式。目前，湘菜的整体品牌已经基本树立起来，但在消费者心中，一提到湘菜，更多的还是联想到“剁椒鱼头”“毛氏红烧肉”等单一菜名，而不是响当当的全国性湘菜企业品牌。湘菜企业数量颇多，但同样规模以中小微企业为主，消费水平以大众消费为主，连锁化经营规模小，连锁品牌竞争力弱，国际化程度偏低，缺乏湘菜领军品牌企业。

从中国饭店协会与新华网在北京联合发布的《2020中国餐饮业年度报告》里2020餐饮行业各业态领跑者排名显示：在2020年中国餐饮企业百强榜单中，仅有徐记海鲜和长沙饮食集团上榜。虽然湖南餐饮市场一片繁荣景象，但在大众点评的黑珍珠餐厅评级中，无一家湖南餐饮企业上榜。

近两年，餐饮与资本的关系日渐紧密，越来越多餐饮品牌通过与资本结合，走上上市道路，实现了规模与价值的跃升。特别是疫情造成的企业现金流困境，让许多餐饮人对资本、上市的态度改观。目前的餐饮上市公司中，有海底捞、呷哺呷哺、广州酒家、全聚德、九毛九、巴比馒头、同庆楼等，但却无一家湘菜餐饮品牌企业。

4．缺乏完善的产业上下游供应链

湘菜餐饮企业遍布全国乃至全球，因湘菜的原材料要求高，所以主要菜品的原材料包括蔬菜、肉禽及部分调料、辅料均须从湖南本地组织货源。但目前食材供应尚未形成稳定的食材供应产业链，无论是消费者还是经营者都担心食材供应的稳定性与安全性。虽然与湘菜产业相关的中下游产业，如食材生产企业、食材加工企业、物流配送企业以及美食旅游企业都有较好的发展，却未形成有效的企业联盟，未形成资源共享、联动发展的产业链。

5．食品安全问题备受质疑

国内餐饮业食品安全问题频发，消费者对中餐的食品安全信任度较低。湘菜更是常被怀疑使用“地沟油”，主要是湘菜以辣为主且油较重，常被消费者误认为湘菜的

重口味是为了将地沟油的气味掩盖。消费者对负面报道易采取全盘接受的态度，容易导致行业内出现“劣币驱逐良币”的现象，不利于湘菜产业的长远发展。近年来，通过政府大力推行的“明厨亮灶”工程，在一定程度上提升了湘菜餐饮业的食品安全形象，但依然存在提升空间。

6. 湘菜餐饮人才队伍建设有待加强

随着我国人均消费水平的增长、餐饮消费结构的调整以及新科技的发展，促使湘菜餐饮业新模式、新业态、新产品和新服务不断涌现。在“互联网 +”“跨界经营”“融合发展”“餐饮智能”等新理念指导下，湘菜餐饮业管理模式创新升级成为行业常态。湘菜餐饮企业打破原来的小规模、家族式、传统化的经营模式，向标准化、工业化、连锁化、智能化等现代化方向转型。餐饮业的转型升级急需要一大批“新餐饮人”的加入，高职院校餐饮管理专业毕业生对新业态认可度高、适应速度快，是餐饮新业态人才供给的主力军。

然而由于餐饮行业进入门槛低，对投资者资金、技术等要求都不高，政府对餐饮行业的进入限制很少，加上巨大的市场潜在需求，大量的下岗工人或外来的务工人员涌入其中。而且，餐饮行业普遍存在人员流动性大，不稳定的问题，尤其是中高层餐饮和后厨管理人才供不应求。

湖南省餐饮类专业人才培养供给不足，仅有一所高职专科学校开设餐饮管理专业，两所高职院校开设烹调工艺与营养专业（详见表 1–6）。湖南省尚缺乏烹饪和餐饮管理本科层次教育。总体上看，中高级湘菜烹饪技术人员与餐饮管理人员的供给严重不足。

表 1-6　湖南省内开设餐饮类专业院校名单

序号	学校	性质	相关专业
1	长沙商贸旅游职业技术学院	公办高等职业学校	餐饮管理、烹调工艺与营养、西餐工艺、营养配餐、食品检测技术
2	湘西民族职业技术学院	公办高等职业学校	烹调工艺与营养

续表

序号	学校	性质	相关专业
3	常德财经机电职业技术学院（筹）	公办高等职业学校（筹）	中餐烹饪与营养膳食（中专）
4	湖南省商业技师学院	公办中等职业学校	中式烹调、西式烹调、饭店（酒店）服务
5	长沙财经学校	公办中等职业学校	中餐烹饪、营养膳食、西餐烹饪
6	资兴职业中专学校	公办中等职业学校	中餐烹饪与营养膳食
7	湖南怀化商业学校	公办中等职业学校	中餐烹饪与营养膳食
8	张家界旅游学校	公办中等职业学校	中餐烹饪与营养膳食
9	长沙新东方烹饪学院	民办培训学校	中式烹调、西式烹调
10	长沙市北方烹饪职业培训学校	民办培训学校	中式烹调、西式烹调

7. 缺乏对湘菜文化的深入挖掘

湘菜作为八大菜系之一，其最深层的发展源泉在于与文化的结合。文化是湘菜之魂，是推动湘菜产业化发展生生不息的力量。虽然湘菜的实际市场占有率、社会认可度和影响力较高，但湘菜饮食文化的理论研究严重滞后，专门从事湘菜饮食文化研究的专家也较少。湘菜常被认为是平民菜，湘菜中的官府菜——祖庵菜面临失传局面，其宫廷菜渊源和官府菜特点尚未得到理论上的充分挖掘和提炼。

（二）发展建议

为进一步提升湘菜的竞争力和影响力，需要政府、行业、企业、学校多方协同，牢牢把握餐饮业发展规律，共同参与到湘菜餐饮业的建设中来，具体解决思路可从以下几个方面考虑：

1. 尽早出台扶持政策，为产业发展提供政策保障

湘菜餐饮业是满足人民美好生活需要的产业、是能拉动就业并带动其他产业的富民产业，应受到特别重视。政策的出台对湘菜餐饮业的发展有着非常重要的引导作用，近年来四川省先后出台了《四川省川菜产业发展规划（2013—2015)》《关于进一步加快成都市川菜产业发展的实施意见》《四川省促进川菜走出去三年行动方案(2018—2020 年)》以助推川菜发展。然而自 2007 年湖南省人民政府出台《关于加快发展湘菜产业的意见》后，已经过去 14 年，期间再未针对湘菜产业发布重大指导性意见。

长沙作为省会城市，在湖南区域发展中具有引领和服务全省发展的重任，应更加关注民生发展。要继续发挥政府对湘菜产业发展的助推作用，加强政策引导，提高对湘菜产业的扶持力度，对湘菜餐饮企业主动协调、跟踪服务、定期研究，把促进湘菜产业发展的各项政策措施真正落到实处。要从政策、资金等方面研究出台措施，扶持建设原辅材料基地、湘菜人才培养培训基地，帮助有条件的湘菜龙头企业上市融资等。

2. 强化安全监管，推动湘菜餐饮业高质量发展

餐饮安全需要餐饮企业自觉承担社会责任，但是道德的力量不能保证。因此，湘菜餐饮业的发展离不开对餐桌安全的监管，要着眼食品安全，让消费者吃湘菜吃得放心，为消费者营造健康、放心的饮食环境，为湘菜的发展创建绿色健康的产业环境。

要落实餐饮质量安全提升行动，推进餐厨废弃物资源化利用和无害化处理，防范“地沟油”流入餐桌；要坚守底线，畅通食品安全信息反馈渠道，及时发现并解决问题，将各类隐患消灭在萌芽状态；要落细责任，包括企业主体责任和部门监管责任，从被动监管转为主动监管，提升检验检测能力；继续推广“明厨亮灶”工程、餐饮安全风险分级管理，严格执法，对食品安全问题零容忍，确保食品安全整治行动的有效性；要加强创新，推进大数据、云计算、物联网、人工智能、区块链等技术在食品安全监管领域的应用，实施智慧监管。

3. 倾力打造湘菜品牌，提升整体竞争力和影响力

一是要加强品牌发展支持力度。政府、行业应继续支持湘菜餐饮老字号企业的振兴与传承，深入挖掘地方特色名小吃的拓展空间，鼓励湘菜餐饮企业连锁化经营，通

过帮扶支持、加强培训，推进标准化、连锁化、产业化的转型升级。重点支持一批湘菜餐饮龙头企业，通过资本运作或连锁经营等方式，形成一批跨省、跨境经营的湘菜品牌企业。发挥老字号企业和龙头企业在开拓湘菜餐饮市场、开展湘菜技术攻关、培养湘菜餐饮人才等方面的带头作用。培育扶持一批知名餐饮企业到省外、境外开设连锁网点，建立生产基地、加工配送中心，逐步发展壮大成为跨省、跨国的企业集团，延长湘菜产业链，带动产品和服务走出去，扩大湘菜在国内外的市场占有率。

二是要加强餐饮企业品牌宣传。据了解，在百强餐饮企业榜上，部分企业在广告宣传方面投入的费用超过 1 亿元。而湘菜餐饮企业无论是线上线下的广告投放、活动宣传还是品牌联合营销等方面都是滞后的，必须在这方面不断加强。长沙作为网红城市八强，“夜经济”影响力十强，其具有天然的优势，可以通过“国际美食之都”“夜星城”等城市形象宣传，对湘菜知名餐饮企业进行集中展示。企业也应充分利用好新媒体营销，打造自己的营销网络，扩大餐饮品牌的影响力。

4．把握市场动向，品牌持续创新发展

在瞬息万变的时代，对于餐饮人来说，要想获得商机，就要学会把握市场动向。在市场日趋激烈，消费者不再满足于重复单调而是追求新奇创新、消费需求不断升级的当下，顺应或引领消费者的需求，不断推新和迭代成为餐饮企业提升自我竞争的有效方式。这次新冠肺炎疫情是试金石，也是助推器。符合市场需求的餐饮企业方能顺利渡过难关。

要想持续地发展好湘菜产业，政府的支持措施是外因，更重要的是要靠企业自身的努力，以及企业的持之以恒和坚持不懈。创新的方式有很多种，可在目标客户上创新。比如，针对一人食的餐厅。随着年轻人自我意识的不断觉醒，“空巢青年”的人数日益增多，单身人士愈来愈关注自己在餐饮、娱乐方面的体验，餐饮经济也发生了变革。“单身经济”的出现，是餐饮业不可错失的良机。也可在消费模式上创新，如探索发展智慧餐厅等新业态，将人工智能等新兴技术应用于传统餐饮业场景。在特殊时期，机器人提供了“无接触服务”，更有利于疫情防控，餐厅机器人已经开始成为餐饮龙头企业发展的“标配”。机器人和餐饮业有机结合，餐饮行业实现智慧化，或将成为未来行业发展的趋势。

5. 建立稳定的食材供应链，补足湘菜餐饮产业发展短板

一是要建立稳定的食材供应链。食材是制约湘菜餐饮业发展的重要瓶颈，发展湘菜产业，食材供应链是基础。要建立农产品加工基地，加强对食材和原料追溯的重视程度。另外，鼓励建立农产品生产者联盟，餐饮行业要合作深入产业上下游，开展订单产品、订单加工、订单技术服务等创新业务，带动乡村加工产业链，高效协同，让农民增加收益，让农民更加有信心。同时，要建立统一的食品安全检测中心和管理机构，能确保食材食品的安全。建设可追溯、优质、生态、绿色、健康的食用农产品种植基地、养殖基地、加工基地、原辅料基地，为湘菜发展提供坚实的后盾。

二是要建立完善的湘菜物流配送体系。完善的物流配送体系是发展湘菜餐饮业的保障。要鼓励发展湘菜现代物流，加强农产品批发市场的基础设施建设，支持农产品生产基地与大型营销商开展产销对接，建立湘菜原料全国配送与终端餐饮通路的供应链网络，要统筹推进城市配送体系建设，解决城市“最后1公里”配送问题；针对冷链对于食材保鲜的重要性，推动冷链物流县市全覆盖，健全县乡村三级物流配送体系。

6. 加强餐饮人才培养，为产业转型升级提供智力支撑

湘菜餐饮业的转型升级对人才数量和质量提出了更高的要求，急需大量的复合创新型餐饮类人才。而现实情况是，目前湘菜餐饮业整体队伍的稳定性一般，员工总体素质偏低，高端餐饮服务人才和中高层管理人员缺口较大，服务意识、能力和水平均有待提升，对职业的认可度和企业的忠诚度也不高。湘菜餐饮类人才培养无论在数量上、规模上、结构上还是在层次上，都不足以支撑产业的转型发展。专业人才仍旧是湘菜餐饮企业做大做强过程中的重大瓶颈，使其在面临重要发展机遇时备受严峻考验。

一是行企校共育具有工匠精神的产业人才。高素质人才培养，是提升湘菜产业发展核心竞争力的关键所在。因此，应支持行业组织和餐饮企业加强人才培训，提高行业从业人员的管理能力和服务水平。加强校企合作，建立各层次的餐饮人才保障机制。

二是尽早开展本科层次职业教育试点。长沙湘菜餐饮企业整体从业人员素质不高，与湖南高等教育结构有很大的关系。为突破湘菜产业发展的人才瓶颈，长沙商贸旅游职业技术学院于2013年成立了湘菜学院，构建了由餐饮管理、烹调工艺与营养、西餐工艺、营养配餐、食品检测技术等专业组建的湘菜产业专业群。湘菜学院是目前湖

南省湘菜产业最高学府，也是最早以地方菜系命名的学院。但相比其他菜系，川菜和淮扬菜都办有相应的本科层次高等教育。建议政府采取有效措施，完善湘菜行业高等职业教育结构，争取早日开办本科层次职业教育的湘菜学院，培养具有经营管理能力的复合型湘菜高级人才。

7. 加强湘菜研究工作，重塑湘菜文化自觉与自信

一是重点打造一个湘菜理论研究基地——湘菜发展研究中心。长沙商贸旅游职业技术学院湘菜学院作为当前湖南湘菜行业最高学府，已初步成立湘菜发展研究中心。建议重点支持湘菜学院加强对湘菜文化的研究，对湘菜历史、湖湘饮食文化的发展源流，特别是近代官府菜的特点和优势进行深入挖掘，并从理论上进行提炼，以厘清湘菜历史源流，挖掘湖湘饮食文化的深厚理论，提高湘菜的理论地位，进而扩大其影响力和知名度。推动湘菜文化的挖掘、整理、传承和创新，编写湘菜发展史，形成湘菜“美食故事”，把湘菜文化作为一种非物质文化遗产保护好、整理好、展示好。支持湘菜申报各级非遗名录，加强对湘菜文化的保护与传承，重塑湘菜文化自觉与自信。

二是着力建设湘菜研发基地——湖南湘菜研发中心。在湖南省商务厅的支持下，湖南省餐饮行业协会已成立湖南湘菜研发中心。建议加大经费支持力度，引导企业参与到湘菜菜品创新中来，保证新菜式研发活动能定期举办，并尽早将研发成果推广应用到经营活动中。支持知名湘菜企业、行业协会参加国内外知名美食品牌节会和展销活动，进行湘菜烹饪表演、比赛等交流活动，通过电视媒体、网络平台、出版物等方式传播湘菜文化。研究宣传菜品食材特点，赋予湘菜新的时代特色和文化内涵，提升湘菜整体文化品位，打造从田间地头到百姓餐桌的湘菜文化与产业推广链。

四、结语

长沙市湘菜餐饮业近20年是伴随着国家的繁荣昌盛而快速发展的20年，取得了跨越式的发展。2020年疫情这场大考，对长沙市湘菜餐饮业是一次巨大的冲击，也是一次重要的考验。2020年以来，长沙市统筹做好疫情防控和经济社会发展各项工作，全市呈现出疫情防控严、复工复产早、发展大局稳、经济恢复快、民生保障好的特点，让人民群众感受到满满的安全感和幸福感。

当前，餐饮业已逐步从疫情影响中逐渐走出来，实现恢复性增长，2021年是

“十四五”开局之年，疫情防控重大成效将进一步巩固和发挥，预计 2021 年餐饮市场整体将会趋于稳定向好发展。在应对危机和挑战中，长沙市湘菜餐饮业必将迈向更加健康和可持续发展的明天。

参考文献

[1] 湖南省商务厅，湖南省餐饮行业协会，《湘菜》杂志 .2019—2020 年湖南餐饮业发展与趋势报告 [EB/OL].(2020-05-07)[2021-02-27].https://mp.weixin.qq.com/s/bIcvRbI_aiiQQPXHLjL0nw.

[2] 湖南省商务厅，湖南省餐饮行业协会，《湘菜》杂志 .2020—2021 年湖南餐饮业发展与趋势报告 [EB/OL].(2021-02-27)[2021-03-15].https://mp.weixin.qq.com/s/o-faNw2hysUcsHrcTttrMg.

[3] 中国饭店协会，新华网 . 权威发布 | 中国饭店协会与新华网联合发布《2020 中国餐饮业年度报告》[EB/OL].(2020-09-02)[2021-03-15].https://mp.weixin.qq.com/s/Ou8xbDN33bC7FVsWjxlFkA.

[4] 中国烹饪协会 . 中国烹饪协会发布 2020 年中国餐饮市场分析及前景预测 [EB/OL].(2021-02-02)[2021-03-15].https://mp.weixin.qq.com/s/TMWLmmHODkjEbhdXKf2yZQ.

[5] 湘菜人微报 . 国庆假期湖南餐饮业迎全面复苏，“宴请热”一席难求 [EB/OL].(2020-10-09)[2021-03-15].https://mp.weixin.qq.com/s/WtcTQvaVvi4dvqh68hn-8A.

[6] 中国饭店协会 . 中国饭店协会研究院发布：饭店餐饮企业人力资源需求调研报告 [EB/OL].(2020-06-16)[2021-03-15].https://mp.weixin.qq.com/s/5jf-caKraFkCfz7vQI0v5Q.

[7] 中国饭店协会 . 中国饭店协会研究院发布：新冠疫情下中国餐饮业发展现状与趋势报告 [EB/OL].(2020-03-02)[2021-03-15].https://mp.weixin.qq.com/s/Ka9xLjo1pYlalgWYkGU3Rw.

II　地方产业篇

浏阳蒸菜的文化传承与产业发展[①]

湘菜之子实践团[②]

一、浏阳蒸菜文化的“源”与“流”

（一）浏阳蒸菜文化的“源”

1. 浏阳蒸菜文化起源

浏阳蒸菜起源于浏阳河的发源地——大围山，隶属于湘菜系列。相传朱元璋派兵与陈友谅开战，因浏阳人支持陈友谅，朱元璋便血洗浏阳，造成“地广人稀、不见炊烟”的惨象，使周边移民大量迁徙到浏阳。据《浏阳县志》记载，“宋德佑二年（1276年），元兵破潭（潭州，今长沙），浏遭歼屠殆尽，奉诏招邻县民实其地”。于是外地移民纷纷迁入大围山脚下插草为标，当时移民大都来自江西，成为当地人口的主要来源。明嘉靖年间，一批福建人避倭寇乱，逃入江西宜春，随后，广东人亦接踵而至，人数达数万。他们搭棚而居，被称为“棚民”。明亡后，“棚民”不断反清，遭清廷捕杀，被迫逃亡。其中一部分潜入大围山的深山僻壤，垦地开荒……这些迁入户均保持原籍客家方言，世代相承，被称为“客姓”，当时较平阔的地方均为江西移民居住，“客姓”只好进入山区定居。客家人离亲别祖，颠沛流离，历尽艰辛，千里迁移，来到浏阳繁衍生息，并形成了自己独特的客家文化。客家民系是汉族中一支非常优秀的民系，从秦始皇时期开始历经了六次大迁徙，形成了“艰苦奋斗、勤俭节约、自强不息、坚韧不拔”的客家精神。蒸菜的形成跟浏阳的客家人的饮食习惯息息关系，过去的农村家庭人口都较多，农务也多，为节约宝贵的劳动时间，因而他们通常早上就一次把三餐的米饭都做好，用大锅烧水，烧开后把米倒入煮至六七分熟，然后再捞起放入饭甑蒸熟。

---

① 本文是基于对浏阳蒸菜产业的调研形成的成果。包括对浏阳市商务局、浏阳蒸菜产业协会、20余家企业门店、食材基地以及当地消费居民的问卷、访谈获取的一手数据，也对相关文献进行了回顾与梳理。其中问卷设计由长沙商贸旅游职业技术学院湘菜学院谭璐副教授领衔国家课程思政示范团队完成。

② 湘菜之子实践团是长沙商贸旅游职业技术学院湘菜学院师生暑假专业实践团。参与浏阳蒸菜产业调研的实践团成员包括湘菜学院党总支副书记郑和斌、团总支书记易世超老师以及七位团学骨干（徐楠、张广程、周思丽、陈诞、向扬、杨武、邓帆）。

而整个蒸煮米饭的时间可达一两个小时，聪明的客家人自然不会浪费时间，在煮饭的间隙，就会把菜配好，待蒸饭时一起放入饭甑，最后饭熟菜熟，一起出锅，既节省时间又能做出美味，是一种简单又实用的生活智慧。

相传，唐朝的药王孙思邈，归隐浏阳孙隐山，著《千金要方》《千金翼方》，喜食蒸菜，亦痴心研究蒸菜的营养价值和功效。而花炮祖师李畋，也以蒸菜宴请观赏花炮的乡亲。又传，1927 年，浏阳文家市老乡以“浏阳蒸菜”款待毛泽东和秋收起义会师的部队。1955 年，王震将军以浏阳蒸菜款待上天山的“八千湘女”。

时至当代，2011 年“中国蒸菜之乡”称号花落浏阳。2013 年，浏阳蒸菜获得全国“地理标志集体商标”，成为国内餐饮行业为数不多的获得这一殊荣的项目。获此称号，一方面是对浏阳蒸菜文化传承与产业发展的肯定，另一方面也在鞭策着浏阳蒸菜不断朝着更高目标迈进。浏阳蒸菜的发展，要走出一条文化传承与技术创新的新路。

产业的发展推进着文化的传播。蒸的工艺相对于其他烹饪技巧，更能保持食物的营养和原汁原味，油脂较少是健康的饮食方式。浏阳蒸菜适合全国大多数地区人的口味，相对于炒菜来说，浏阳蒸菜更加健康、养生，但是又不会寡淡无味，还是长沙市非遗美食之一。现在浏阳蒸菜也一步一步走出浏阳，走向全国，在不在浏阳，浏阳蒸菜都很出名。例如，开遍各地的“何爹浏阳蒸菜馆”不仅仅将属于湖南的特色带去了各地，还巧妙融合当地的特色，赋予了浏阳蒸菜新的生命力。

具体来说，浏阳蒸菜呈现如下特点：

（1）食材独特：浏阳是长株潭重要的蔬菜供应地、全国养猪大县（市）、全国茶油生产先进县（市），现有近 100 个原辅材料基地和半成品加工企业为浏阳蒸菜提供了优质充足的原材料。浏阳独特的气候地理环境蕴植出的天然食材，含有丰富的蛋白质、微量元素、维生素等营养物质。特别是氨基酸和含氮物质非常高，使味道更鲜美。独有的加工技法，丰富的食材品味，使浏阳食材更具独特性。

（2）营养健康：浏阳蒸菜在蒸制过程中能最大限度地保持食物的原汁原味和营养，避免了煎、炸造成有效成分的破坏和有害物质的产生。浏阳蒸菜含油脂少、热量低，易于消化吸收。蒸制过程中以水渗热、阴阳共济，吃了不易上火，所用调料量少，清淡养胃，有利于消费者的保健养生。

（3）原汁原味：由于蒸的过程温度在 100 摄氏度以下，调味技法更多采用民间传承下来的千百年古老调味，使浏阳蒸菜更多地保留了食材的原汁原味。

（4）方便安全：浏阳山清水秀，所生产的蒸菜原材料绿色无污染，菜肴在蒸制过程中，能最大限度地消除菜品原料中的有害成分，餐具也得到蒸汽的消毒；菜品多为先蒸后卖，随堂点菜，即点即食，方便快捷，非常适合现代人的快节奏生活。

2. 浏阳蒸菜文化的特点

浏阳蒸菜的繁荣发展与浏阳所处地理环境、生态环境紧密相关。浏阳食物品种繁多，“无菜不蒸、无宴不蒸”，形成了浏阳“食以蒸为先”的饮食传统。这种观念也逐步渗透到浏阳人的民俗、礼仪观念中。“蒸菜纷呈，根在浏阳”是对浏阳独特美食文化的客观评价，在塑造城市个性中具有独特的品牌效应和文化效应。可以说，精彩纷呈的蒸菜文化是浏阳城市性格的重要特征。

浏阳蒸菜文化主要有以下特点：

（1）当地认知：当前，浏阳蒸菜的全国影响力和品牌知名度跟兰州拉面、沙县小吃等已经趋于成熟的地域餐饮品牌还存在一定差距，但它“多快好省”的特点，也让它具备了消费频次高、客群基数大、消费场景广、可复制性强的优势。

（2）技法文化：做蒸菜讲究颇多，别具一格的蒸技八法是构建浏阳独特美食文化的技术支撑。蒸菜技法在各大菜系中均有所体现，北方人惯蒸主食，南方人善蒸菜肴。浏阳蒸菜经过历代蒸菜大师的凝练创新，蒸菜技法体系得到不断完善，成为全国蒸技最多的菜系，构成了浏阳蒸菜独特的技艺特色。浏阳蒸菜以清蒸、粉蒸和炮蒸三法为纲，进而拓展了包蒸、酿蒸、封蒸、扣蒸、造型蒸等技法，统称为“蒸菜八技”。浏阳八蒸的形成，使浏阳蒸菜由几个零星品种发展成一个种类众多、技法完整的菜品体系，将浏阳蒸菜的内涵和外延发展到了极致，充分彰显了浏阳蒸菜的个性与特色。

（3）菜谱文化：浏阳蒸菜健康、味美、价廉、快捷。以蒸腊菜为主，基本菜品有：干煸豆蒸腊肉丁、清蒸火腿肉、剁椒蒸土豆、清蒸土家腊肉、清蒸鸡蛋、清蒸茄子、清蒸干豆角、清蒸芋头、清蒸白豆腐、干豆腐、黄豆腐、黑豆腐、臭豆腐、白沙豆腐、卤豆腐、清蒸青辣椒、清蒸鱼头、清蒸火焙鱼，还有清蒸空心酸菜、红薯酸菜、青菜酸菜、豆角酸菜、清蒸豆子、清蒸香肠、清蒸猪肉、鸡丁、牛肉丝、清蒸伏鱼、伏鸡、伏鸭、清蒸干笋、小笋、豆笋，清蒸青菜、清蒸黄菜等，达数十种之多。蒸菜色泽丰富，多以辣为主。但因蒸汽去火，因此清毒润肺。

（4）标志内涵：在深入挖掘浏阳蒸菜文化意蕴的同时，浏阳蒸菜也在产业发展中注重文化内涵建设，2011年以来，先后获得“中国蒸菜之乡”称号及全国“地理标志集体商标”，为产业发展与形象推广筑牢了基础。其中，地理标志商标是标示某商品来源于某地区，并且该商品的特定质量、信誉或其他特征主要由该地区的自然因素或人文因素所决定的标志。而集体商标是指以团体、协会或者其他组织名义注册，供该组织成员在商事活动中使用，以表明使用者在该组织中的成员资格标志。为强化浏阳蒸菜对外的一致形象，统一设计了集体商标，商标图案上，“蒸”字被象形化，四点火焰上一个蒸笼，蒸笼两侧红色辣椒鲜艳，笼上热气腾腾，形象地展示着浏阳蒸菜特色。

（二）浏阳蒸菜文化的“流”

1. 浏阳蒸菜文化的传承历程标志性事件（详见表2-1）

浏阳蒸菜历史悠久，相传起源于明朝，经过了几百年几十代人的传承和发扬，充分利用我国山多地广、水系发达，各种食材丰富的优势，逐步形成的一种极具特色的风味菜系，达到了“万物皆可蒸”的境界，成为湘菜中一个重要组成部分。在浏阳蒸菜的发展过程中，特别是在产业化发展以来，历经了需更多具有标志性的事件，这些事件为浏阳蒸菜文化的传播推广起到了良好效应。

表2-1 浏阳蒸菜文化传承标志性事件

时间	事件名称
2011年8月30日	中国烹饪协会批准授予浏阳“中国蒸菜之乡”称号
2011年12月19日	在第六届中国蒸菜美食文化节闭幕式上，长沙市委副书记吴震从中国烹饪协会常务副会长杨柳女士手中接过“中国蒸菜之乡”的牌匾，浏阳正式获得“中国蒸菜之乡”的称号
2013年1月	浏阳蒸菜获得“中国地理标志集体商标”
2014年11月28日	第九届中国湘菜美食文化节在浏阳市浏阳河广场开幕，此次文化节创两项吉尼斯世界纪录。其一，世界上迄今为止最大的单体蒸笼，该蒸笼外径达5.38米，高1.70米，面积为18.08平方米；其二，同蒸188道浏阳蒸菜，是迄今为止世界上同时蒸出的最大盘蒸菜
2017年2月	浏阳蒸菜晋升长沙市级“非遗”项目

2. 浏阳蒸菜发展具有较强阶段文化属性

（1）文化推广性：首先，地名效应，一曲《浏阳河》让这个地处湘赣边界，湖南东部偏北，古为“吴楚咽喉”的小城全国闻名。许多人或许不知道浏阳到底在哪里，但只要提到一首歌《浏阳河》，他们都会情不自禁地唱起。所以，当人们在城市街道上看到“浏阳蒸菜”时，自然就会联想起那首经典的《浏阳河》，也就以这样独特的方式将浏阳蒸菜铭记于心。其次，是人文效应，浏阳人杰地灵近现代涌现出一大批仁人志士，近代有“戊戌六君子”之一的谭嗣同，以及唐才常、陈作兴、焦达峰等，现代有胡耀邦、王震、宋任穷、王首道、杨勇、李志民、唐亮等，他们对蒸菜的喜爱也间接促进了蒸菜的流传，尤其是当年王震将军在边疆用蒸菜招待八千湘女更是传为佳话。

（2）经济带动性：在浏阳蒸菜的发展过程中，相继出现过为此做出重大贡献的企业和法人，例如，友谊大酒店的焦国防先生，特大竹蒸笼的吉尼斯世界纪录的评选活动等，在产业发展初期促进了浏阳蒸菜的传播。在浏阳蒸菜产业向外推广中特别值得一提的人是长沙何爹浏阳蒸菜有限公司的法人何远扬。2008 年，他率先用公司的运作模式专注做浏阳蒸菜，将浏阳蒸菜推广到全国各地，目前在全国已经拥有 440 多家直营店和加盟店。当前，他致力于打造从田间到餐桌的浏阳蒸菜一体化模式。他的企业在大围山自建了原材料基地，从源头解决了浏阳特色原材料供应及质量问题。后期，相继有更多的企业与个人加入浏阳蒸菜产业中来，随着知名度的提升与经济价值的增长，为更好推动浏阳蒸菜产业持续健康发展，形成更大的产业规模，浏阳当地政府部门也越来越重视浏阳蒸菜的品牌推广与政策保障，成立浏阳蒸菜产业协会，制定浏阳蒸菜制作标准，并将集体商标授权给正规蒸菜企业使用等。为浏阳蒸菜的健康发展吹响了向全国进军的号角。

（三）浏阳蒸菜文化是产业发展的引擎

1. 浏阳蒸菜企业的诞生

浏阳蒸菜的历史可以追溯到元末明初，而后经过 500 多年的变迁，浏阳蒸菜逐渐发展成为以蒸腊菜肴为主、以蒸干菜见长、长于笼蒸和甑蒸的一种极具特色的地方风味菜系。虽然现代厨房用于蒸菜的设备已经全面电气化，但传统的浏阳蒸菜主要是依靠笼蒸和甑蒸，“小碗蒸制”的呈现形式也一直传承了下来。

改革开放后，和沙县小吃的发展路径一样，浏阳蒸菜也通过亲戚带亲戚、朋友带朋友，传帮带的方式逐渐发展壮大。靠着浏阳蒸菜这块金字招牌和吃苦耐劳的精神，浏阳当地开始涌现出一个个蒸菜村，走出了一个个蒸菜品牌。远近驰名的“蒸菜村”——浏阳市枨冲镇张家店村，早在 2014 年，该村在外开蒸菜馆的村民就有近百户之多。浏阳大围山镇中岳村，目前从事蒸菜事业的有 400 多人，走出了一大批蒸菜名厨，10 多个蒸菜品牌，如“浏水蒸香”“何爹蒸菜”等。据浏阳市餐饮行业协会统计，浏阳市域范围内就有经营浏阳蒸菜的餐饮店 3000 多家，全国共有 2 万余家浏阳蒸菜店，年营业额达 200 亿元，从业人员超 16 万人。百度指数显示，从 2014 年开始，蒸菜品类的相关热度开始攀升，在 2015 年、2017 年分别迎来两个小高峰。这期间诞生了蒸浏记、浏水蒸香、傅记浏阳蒸菜老铺、蒸菜兄弟等品牌。

本次调研对特色鲜明的浏阳市蒸浏记蒸菜文化有限公司进行了深度探访。浏阳市蒸浏记蒸菜文化有限公司于 2014 年年底诞生于美丽的浏阳河畔，是一个全新概念的浏阳蒸菜全国连锁品牌。目前是浏阳蒸菜标准示范品牌，同时也是浏阳蒸菜产业协会会长单位。蒸浏记浏阳蒸菜选自浏阳河上游流域的天然食材，通过精湛厨艺，配合蒸浏记秘制天然配料，利用水沸后产生的水蒸气为传热介质，在 100 摄氏度恒温下烹饪而熟，烹熟后的食物保持了食材的原汁原味，使食物既无油烟和油炸残留有害物质，又达到灭菌效果，并使菜品保持营养成分。作为浏阳蒸菜标准示范品牌，蒸浏记采用独创的半自助用餐模式，用餐方便快捷、健康实惠。蒸浏记倡导健康、美味、快捷、实惠，在改良传统蒸菜工艺的基础上，更加注重饮食环境的舒适优雅、菜品的原汁原味、文化底蕴的挖掘，努力用互联网思维打造浏阳蒸菜品牌。以此通过浏阳蒸菜连锁发展，实现振兴浏阳蒸菜、推广浏阳特产、带动农业发展、传播浏阳文化、打造民众创富平台的情怀愿景。目前下设公共支持群（人事行政、财务、采购、客服）、产品保障群（生产、产品、仓储物流）、市场作战群（招商、运营、培训、业绩、市场）及工程运维群（工程、设计、筹店）等各部门。从 2015 年 5 月开启第一家直营店，截至 2020 年已拥有四十余家店面，还有二十多家门店正在进行开业前的准备，员工共 200 余人。经过近些年的努力，已完成标准化体系的建立，并得到实践验证，采购链越来越稳定，投资建设的中央厨房已经投产，团队日益成熟，聚集了一大批蒸菜行业的精英。蒸浏记利用蒸菜可标准化的天然优势，通过完善标准化产品体系、服务体系及食品安全体系，建设零厨师、零服务、零采购、零油烟、零明火的“五零”餐厅，致力于打造中式快餐第一品牌。

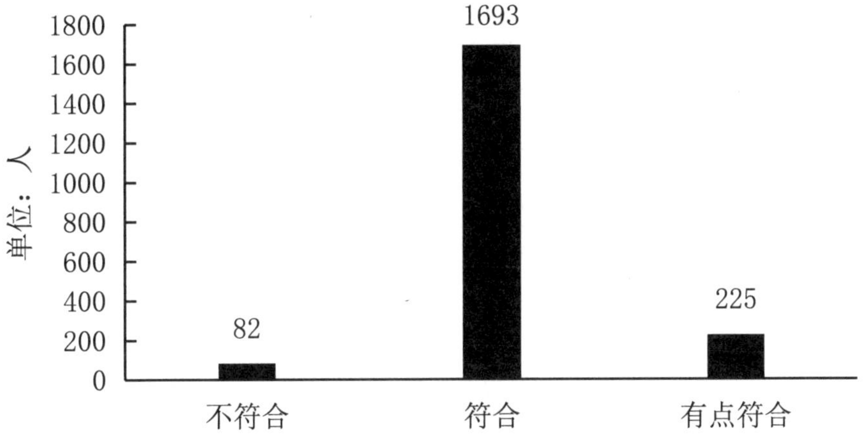

图 2-1 “浏阳蒸菜是否符合传统的工艺与文化传承”的调研结果

浏阳蒸菜要形成产业，就必须在传承古法的基础上利用现代技术和营销思维打造更贴合现代消费者需求的产品，但这往往容易造成传统丢失，逐渐失去消费者的信任。为此，本次调研就当前浏阳蒸菜是否符合传统的工艺和文化传承进行了问卷调查。在调查的过程中，85% 的人认为现在浏阳蒸菜是“非常符合”传统的工艺和文化传承，这也为浏阳蒸菜行业今后的发展提供了群众基础（详见图 2-1）。

2. 浏阳蒸菜行业文化环境分析

中国烹饪协会正式出具评审意见，认定浏阳具有成熟的产业环境、深厚的人文环境和优越的制度环境，符合“中国蒸菜之乡”认定条件。这意味着，浏阳成为继湖北天门后的第二个“中国蒸菜之乡”。为加强文化与产业的对接，推动产业优化升级是城市转型发展的重大战略选择。大力发展蒸菜文化产业，加快蒸菜美食文化产品的产业化步伐，打响浏阳“蒸菜之乡”品牌，要进一步完善蒸菜产业规划，建立蒸菜品牌发展体系，切实把蒸菜产业做实做大做强。

2011 年 8 月 11 日至 12 日，由中国烹饪协会副会长卢永良、许菊云带队的评审团来到浏阳，对浏阳申报“中国蒸菜之乡”工作进行评定。在考察中，专家们对浏阳蒸菜的产业环境予以高度评价。从 2009 年底开始，浏阳开始着手准备“中国蒸菜之乡”申报工作。按照“管理科学化、产品品牌化、生产标准化、经营连锁化、基地生态化”思路，制定产业规划，推进品牌建设，培养产业人才，大力发展蒸菜产业。目前，浏阳市已涌现出湖南湘通天下等近 10 家流通销售龙头企业，市内拥有 1200 家蒸菜店铺，年餐饮收入近 20 亿元。对于浏阳蒸菜，中国烹饪协会副会长许菊云赞赏有加，他认为，浏阳蒸菜是湘菜中的一道独特菜系，为了让菜品别有风味，他做菜尤其喜欢用“浏阳豆豉”这种浏阳蒸菜的主要辅料，而浏阳蒸菜“无菜不蒸，无蒸不香”的特点更是赢得了餐饮市场和广大食客的口碑。据浏阳市委书记钟钢介绍，今后，浏阳还将打造“浏阳蒸菜”这一中国驰名商标，并通过举办中国烹饪大赛等全国性的赛事推动蒸菜产业发展，把浏阳蒸菜培育成为与浏阳花炮相得益彰的又一名片。

二、浏阳蒸菜产业发展的现状及影响因素

（一）浏阳蒸菜产业发展的现状

为全面深入了解浏阳蒸菜产业当前的发展情况，调研组通过进门店、进工厂、进行业协会、进政府主管部门等方式，全面了解浏阳蒸菜文化传承、行业发展现状、面临的问题及未来发展态势。此次调研还发放了浏阳蒸菜产业发展情况的问卷（见附录），以期获得更全面的信息。

通过调研发现浏阳蒸菜产业初具规模，本地知名度较高，向外地扩展仍需推进。

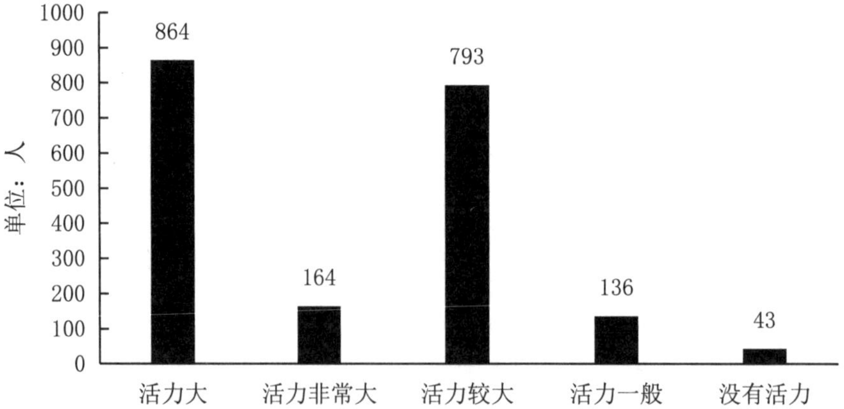

图 2-2 “浏阳蒸菜在本地发展水平”题项的调研结果

近年来，按照“管理科学化、产业品牌化、产品标准化、经营连锁化、基地生态化”的理念，浏阳蒸菜产业稳步发展，当前，浏阳市域范围内经营浏阳蒸菜的餐饮店3500多家，年营业额达37亿元。全国有浏阳蒸菜店近2万家，年营业额超220亿元，从业人员逾16万人。

浏阳蒸菜在长沙等地孕育出不少代表性品牌。例如，蒸浏记、浏水蒸香、兄弟蒸菜馆、笨萝卜浏阳菜馆等，在本地消费者中产生了一定的影响力，成为大家吃饭打卡的选择之一。2016年8月，蒸浏记就曾受邀赴法国巴黎参加“感知中国——湖南文化走进法国”系列活动。2017年、2018年连续两年亮相中国国际食品餐饮博览会品鉴会，得到了社会各界的高度评价。2018年11月14日，“湘菜香飘联合国”活动在美国纽约联合国总部外交厅成功举行。浏阳蒸菜标准示范品牌——蒸浏记在现场制作展示了浏阳火焙鱼、乡里腊肉两道经典浏阳蒸菜。这是浏阳蒸菜首次亮相联合国总部，向全世界展示浏阳蒸菜的魅力。

图2-2是调研组本次调研本地人群中对浏阳蒸菜发展情况的统计，可以看出，认为浏阳蒸菜产业“活力大”及“活力较大”的人数占比超过82%。在本地人群中，浏阳蒸菜的知名度较高、影响力较大。图2-3显示超66%的人觉得浏阳蒸菜产业发展前景“很好”。

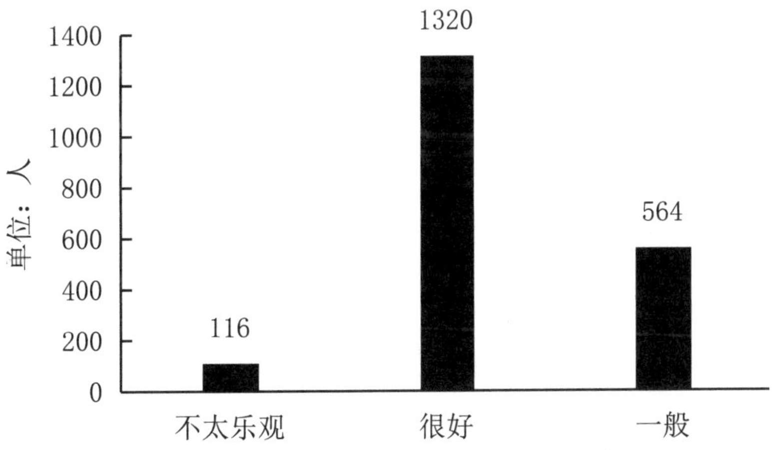

图2-3 “浏阳蒸菜产业发展前景如何”题项的调研结果

走出本土，放眼全国，浏阳蒸菜在全国有20000余家门店，能够叫得出名号的却屈指可数。虽然近年来有部分品牌开始崭露头角，但还没有出现有影响力的头部品牌。

目前市面上的浏阳蒸菜馆，大致有三种类型：一是家庭作坊式的夫妻店；二是走加盟或直营模式的快餐连锁品牌；三是比较注重体验和文化的商超型企业。

比如，蒸浏记，就是走连锁快餐路线，自创小蒸笼保温的菜品陈列方式。数据显示，目前其门店数量219家，分布于湖南、江西、广东、安徽等多个省份。2018年5月，蒸浏记还获得了基金1000万元的投资，有望成为引领浏阳蒸菜真正走出本土形成全国影响力的明星企业。何爹浏阳蒸菜，是长沙当地比较老牌的浏阳蒸菜馆，创立于2009年。据了解，该店创始人是浏阳蒸菜名厨何爹的后人，因此在当地大受欢迎。浏水蒸香，是传统浏阳蒸菜店的创新升级版，走的是文化路线。其文旅创意店将浏阳河、大围山、文庙古乐等浏阳代表性元素与蒸菜相结合，曾入选浏阳市“十佳夜间经济示范点”，成为外来游客和年轻人青睐的浏阳味道打卡地。

除此之外，家庭作坊式的浏阳蒸菜馆遍布各地，占总数97%以上。这些小馆子大多是夫妻店、兄弟店的模式，一口蒸锅、一个蒸笼，经营模式原始传统，既没有统一的标识，也没有统一的装修，菜的味道、菜的分量，卫生情况堪忧。

值得一提的是，在意识到浏阳蒸菜的困境之后，近年来，浏阳市政府也在努力借鉴沙县小吃“三驾马车”（沙县小吃集团、沙县小吃办和沙县小吃同业公会）的发展模式，设立产业发展引导资金、成立浏阳蒸菜产业协会、制定浏阳蒸菜标准等，鼓励优质企业发展。与此同时，以蒸浏记、何爹浏阳蒸菜、十八碗、傅记浏阳蒸菜老铺、蒸菜兄弟、美蒸湘等为代表的一批品牌也在努力发展壮大。

总体来说，浏阳蒸菜还局限在湖南当地，特别是在长沙、湘潭等地拥有较高的知名度和市场占有率，如何进一步进军外地扩大影响还需努力。

（二）浏阳蒸菜产业发展的影响因素

浏阳蒸菜产业发展至今，已经走过了数十年风雨，为何影响力仍局限在本土。带着这一问题，调研组试图挖掘背后的原因。

如图2-4所示，浏阳蒸菜产业发展的瓶颈主要在于缺少创新性，从业人员素质普遍较低，核心技术跟不上，设备有待更新，文化挖掘程度较低，消费者观念意识不强，应用服务和业务较少。

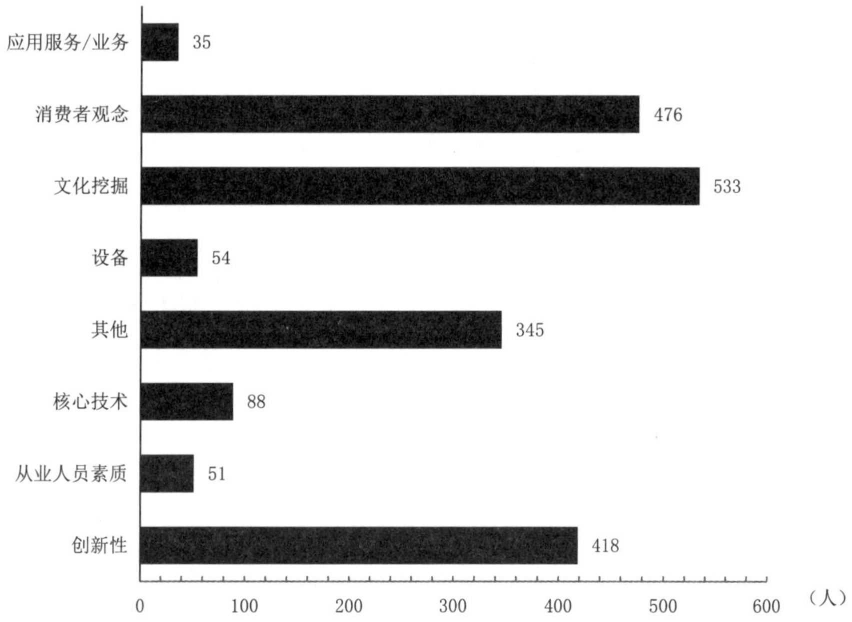

图 2-4 “浏阳蒸菜产业发展的瓶颈在哪里”题项的调研结果

1. 技术因素

技术相对落后。为保持传统工艺，生产工具相对落后，导致生产效率过低，产业化生产遇到阻碍。浏阳蒸菜产业化发展必须在生产上进行规模化和标准化，积极引进现代食品加工技术。

2. 市场因素

《浏阳蒸菜产业发展规划（2016—2020 年）》指出，浏阳蒸菜产业是浏阳市经济发展的重要产业，大力发展浏阳蒸菜产业，对长沙市经济发展新常态下扩大消费需求、拉动经济增长、优化经济产业结构、转变发展方式、增加社会就业和农民收入、促进社会和谐等都具有十分重要的作用。但本次走访调研中，政府部门对浏阳蒸菜的政策扶持力度不够，餐饮行业的烹饪饮食协会没能发挥积极的主导作用，缺少对菜品工艺标准的规范等问题被多次提及。此外，餐饮企业不注重菜品文化建设，产品文化附加值低，推广销售渠道单一，产品知名度不高。同时，餐饮企业为了考虑自身的经济效益与经营成本，对菜品投入的研发资金少，专门研发菜品的部门基本没有。

3. 餐饮人才因素

蒸菜产业发展需要解决高素质餐饮服务人才短缺的问题。目前浏阳正在初步试水"政府以订单形式向职业学院定向开班培养人才"，这是对浏阳蒸菜人才培养途径创新的有益尝试。目前，烹饪高校本科阶段开设的课程主要偏理论教学，本科毕业生实践操作能力不足。随着市场对人才的竞争愈加激烈，餐饮企业在招聘应聘者时除了看重操作技能的同时，也看重学历层次。但招聘入职的员工一般从底层开始做起，部分新手感觉自己的能力被大材小用，加之从事餐饮行业体力透支大，福利待遇低，致使餐饮服务人才大量流失。

就互联网时代而言，企业发展需要的不只是生产人员，也需要很多涉及整个产业的运营相关人员。如网络销售需要高学历的新媒体运营人员，直播销售过程中需要主播培训人员、餐饮管理人员。尤其是在浏阳蒸菜产业的品牌宣传和产业运营方面的人才非常稀缺。

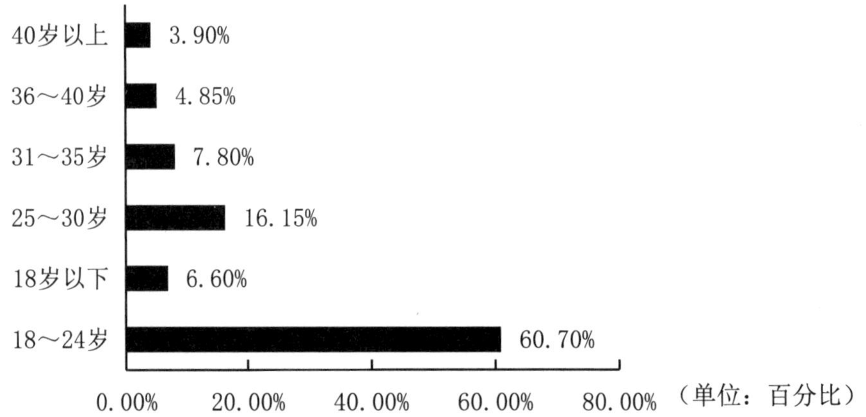

图 2-5　从业人员年龄构成

如图 2-5 所示，在调研中通过线上线下调查的方式完成了 5000 份个人调查问卷，100 份企业调查问卷，通过数据统计分析发现浏阳蒸菜行业从业人员 18 岁到 24 岁年龄之间的占 60.7%，18 岁以下占 6.6%，25 岁到 30 岁之间从业人员人数占 16.15%，31 岁到 35 岁占 7.8%，36 岁到 40 岁之间占 4.85%，40 岁以上年龄段主要占 3.9%。因此，我们可以得出从业人员年龄段普遍偏低。从这一数据来看，浏阳蒸菜产业吸引的更多是刚刚走出校门的应届毕业生，年纪较轻的他们，一方面有较好的体力胜任较为辛苦的餐饮服务工作，但另一方面，工作 3 ～ 5 年后跳槽、转行的比例较高，造成行业人才队伍并不稳定。很多公司刚刚把人才培养出来，接到的就是离职申请书。因此，人员流动性大、高素质人才稀缺是当前餐饮行业普遍面临的一大难题。

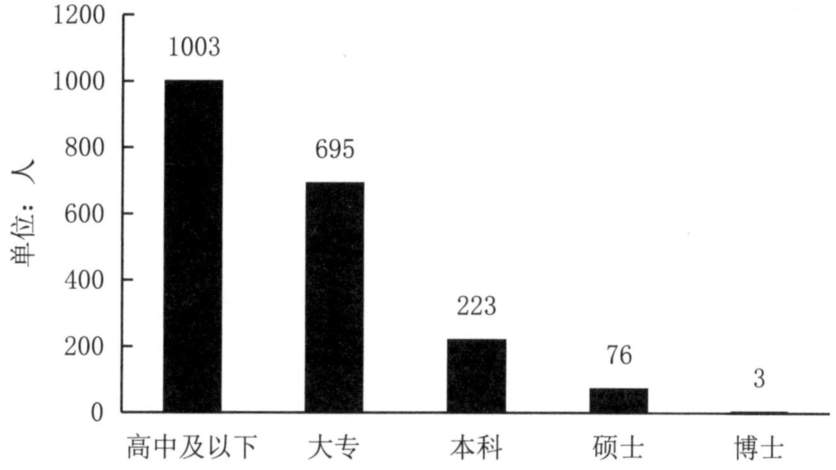

图 2-6　从业人员学历构成

如图 2-6 所示，本次调研发现，浏阳蒸菜行业从业人员中，高中及以下学历的有 1003 人，大专学历的有 695 人，本科学历的有 223 人，硕士的有 76 人，博士及以上的有 3 人，高学历从业人数较少，普遍学历偏低。从过半数的从业者仅有高中及以下学历可以发现，浏阳蒸菜产业当前还处于较为原始的发展阶段，公司化、规模化运营的团队较少，高素质餐饮人才稀缺。

三、浏阳蒸菜产业创新发展探索

目前，虽然浏阳蒸菜的全国影响力和品牌知名度仍需进一步提高，但它“多快好省”的特点，也让它具备了消费频次高、客群基数大、消费场景广、可复制性强的优势，通过更新理念、工艺创新以及创新营销，可以为产业发展注入新的活力。

（一）基本理念是产业发展基石

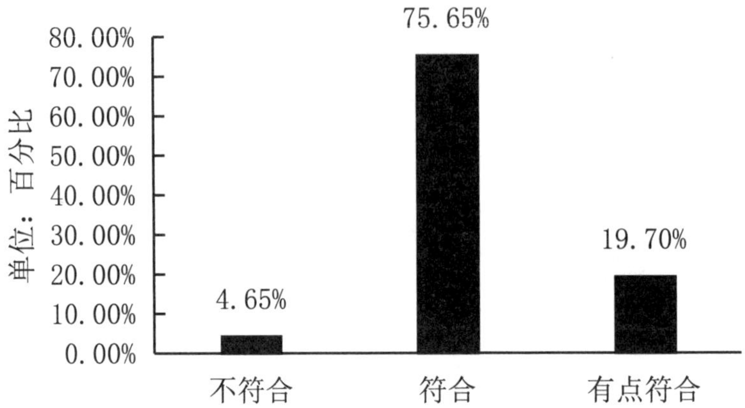

图 2-7 “浏阳蒸菜产业发展符合可持续发展的新概念吗？”题项的调研结果

调研显示，超过 75% 的受访者认为浏阳蒸菜产业发展符合可持续发展的新概念，这表明浏阳蒸菜持续健康发展具有一定的群众基础。

1. 食用与营养兼得

在创新研发浏阳蒸菜产品时，菜品的可食用性是食物应具备的基本性质。而菜品的营养价值，需根据当地生产的特色食材，结合现代新工艺制法，在烹制的过程中尽量减少食物中营养素的丢失，将具有可食用、营养价值高的新型原料作为菜品创新研发的基础。

2. 以经典菜品为基础，加大创新研发力度

浏阳蒸菜应在继承中发展，在发展中创新。对于富有历史文化的经典菜品，需保留传承，根据时代发展的需要，从食材选用、器具设备、工艺流程以及营销策略等角度做出创新，完善传统菜品的不足。同时，积极弘扬经典菜品所蕴含的历史文化，让中国蒸菜走出国门，享誉世界。以品质为目标，积极运用现代科技手段，加大浏阳蒸菜的研发力度。

3. 落实市场调研，时刻关注需求

浏阳蒸菜的创新与研发，市场调研是重中之重。从蒸菜的色、香、味、形、产品的组合与包装设计等方面进行调研，分析消费者对蒸菜菜品的满意度，从而改进不足。积极关注消费者的需求变化，研发大众需要且实用性强的菜品。满足广大消费者的饮食需求，得到消费者的普遍认同，浏阳蒸菜才有兴盛的发展潜力。

4. 对于菜品准确定位，树立品牌意识

浏阳蒸菜能否被广大消费者所接受，菜品的准确定位至关重要。菜品的定位需结合当前现有的资源进行整合，如优先选择具有湖南地方特色的原料，结合湖南本地餐饮市场进行考察。同时，树立品牌意识，利用媒体、电商平台加大宣传力度，加强消费者的体验推广，使品牌的知名度提高。

（二）工艺创新是产业发展源动力

1. 对浏阳蒸菜原有的味型进行创新

保持传统蒸菜原有的主料辅料、工艺流程及烹制方法不变，改变其原有味型，从而发展成为一种新菜品。例如，以浏阳蒸菜为例，口味的清淡、辣度、分量、食材搭配等因素，都可以根据当地实际情况进行调整。何爹蒸菜给予菜品充分的调整空间，何爹蒸菜坚持实店培训学习，主要学习浏阳蒸菜的制作技术和过程，而不是提供调料料包以及预制品的形式，加盟商回到当地之后，有足够的能力和调整空间去满足当地顾客的口味。

2. 食材的开发与创新

对传统蒸菜原有的主辅料用新型食材进行替换，或引进外来主辅料推陈出新。例如，重点发挥客家极简主义烹饪手法，坚持浏阳的豆豉和茶油特色，支持当地食材基地的新鲜食材就地使用开发，对菜品质量进行严格把控，对食材的营养搭配和标准制定上进行创新。

3. 烹饪技法的创新

要合理吸收其他菜品的精湛技法，引进先进的烹调技法。取长补短，融会贯通。例如，预制菜品方面，浏阳蒸菜的烹调极其简单，流程容易标准化。将原料初加工后放入碗内，放入鲜椒、干红椒或鲜红剁椒，以及浏阳豆豉等配料，撒入少许盐，淋入茶籽调和油即可统一放入蒸柜蒸制成菜。店家一般先预制，集中供餐，能随到随吃，起菜速度比粉面都要快，热炒更是比不上，翻台率也相应提高。以何爹浏阳蒸菜为例，蒸一柜二百多道菜，大约只需花费 30 ～ 45 分钟。顾客现场点、现场拿、现场结账，甚至不需要菜单，点餐和吃饭之间无缝对接，几乎没有等候的时间，契合当下快节奏的现代生活。

（三）新技术是产业发展强支撑

1. 发展媒体推广，扩大销售市场

基于前述分析，网络销售建议从四个方面入手：第一，宣传品牌。网络营销的重要任务便是在互联网上为企业的商品建立并推广品牌，以及让企业的品牌能够在互联网上得到延伸和拓展。网络营销为企业利用互联网建立品牌形象提供了可行性的条件，网络品牌的建设众所周知是以网站建设为基础，通过一系列的营销操作，达到顾客和大众对企业的认知到认可的一个过程。第二，推广网站。网站推广旨在通过各种渠道提高网站的排名，使用户更快更容易地检索到企业的网站。对于现在的中小企业而言，由于资源有限，传统意义上的市场营销策划企业资本难以承受，因此在互联网上进行网络推广便越发凸显其重要性。第三，发布信息。网络营销过程中的信息发布，就是要挖掘与利用信息发布和传播的渠道资源，将企业营销信息以高效的手段向我们的目标用户、合作伙伴、公众等群体传递出去。第四，促进销售。市场营销的基本目的是为最终增加销售提供支持，就是为了公司和企业盈利，网络营销作为企业市场营销的手段之一，当然也不例外。适当的网络营销能够帮助企业实现阶段性的促销推广，短期提升产品销量和企业知名度。

由浏阳蒸菜企业可见，在当地的影响力非常大，但通过在外地的调查过程中，其在外地的影响力是非常小的，所以说打出品牌提高影响力，使更多的人知道这个品牌是首要。其次就是推广网站，如今市场环境而言，中小企业的资源往往是有限的，如何打开网络市场是非常重要的，所以就需要推广网站使企业在市场竞争中获得优势。而且想要在竞争环境中胜出，客户信息是非常重要的，要形成产业链式的合作模式，首先是要提供企业的信息给广大网络用户使他们能够了解这个企业，从而激发潜在的合作伙伴。另外，促进销售是至关重要的。开发网络销售菜品是基础，可以利用淘宝天猫的网络销售平台进行商品化的销售，在互联网发达的时代，利用各大销售网站、平台直播等进行线上销售，可以获得很大的销售量。例如，湖南蒸一道食品有限公司，创立于 2017 年，旗下品牌预包装产品，致力于传播湖湘文化，挖掘湖湘美食，以湘菜为源头不断推陈出新，先后开发出品浏阳蒸菜自热方便米饭系列、老长沙自热拌粉系列、经典煲仔饭盖码饭自热系列、特色自热小吃系列等产品，通过快速、方便、“健康 + 湖湘特色”美食的传播经营理念。运用互联网思维，高体验式服务为基础手段，推行特色健康美食，打造特色独有的蒸一道美食产业及企业文化，实现持续、共享、多赢、健康的发展目标。该产业采用网络销售的模式，打造品牌影响力，在制作各种网络界面给予宣传，同时采用淘宝天猫等销售平台进行销售，利用自媒体平台进行推广直播销售，既提高了知名度，又扩大了销售量。

2. 创新网络销售渠道，多平台销售

品牌推广建立蒸菜网络直播厨房。浏阳蒸菜要实现连锁经营，在全国甚至世界各大城市开设连锁店，如何保证食材的“浏阳味”，如何打造和维护浏阳蒸菜自身品牌，这是一个不能回避的问题。“浏阳蒸菜的发展要走出去，实现产业化，并不是开多少家蒸菜店就能满足的，对一些原材料供应基地、辅料和半成品供应商而言，让消费者在选择过程中建立品牌意识还需要不断探索。”“浏阳蒸菜”这一地理标志集体商标是个很好的解决途径。而当前互联网技术发展一日千里，浏阳蒸菜的品牌推广，除了菜品的精细化、销售的多元化、菜谱标准化，还可以增加制作与销售的透明度，建立网络直播厨房，进行网上教学及网上点单，还可开发网络付费模式订餐。浏阳蒸菜完全可以通过互联网实现销售的多样化发展，可将原料进行半成品加工，根据不同人群的生活习惯和消费特点制定蒸菜产品，满足互联网客户的个性化需求。

3. 运输方式和销售链的技术优化

食品运送过程中浪费严重，物流过程中的食品损耗占食品成本很大比重。据估计，中国每年有总值750亿元的食品在运送过程中腐坏。一些容易腐坏食品的售价其中七成便是用来补贴在物流过程中损耗货物的支出。这是一个触目惊心的数字。我国食品业现有人员对食品物流理论研究及供应链管理认识的不足，是造成我国某些食品零售价格高居不下的主要原因。

浏阳蒸菜应该发挥自身可预制的优势，通过从工厂到门店的方式加强品质管理。浏阳蒸菜可以打造中央厨房湘菜产业链，园区企业就是中心，一头连接原材料基地，一头连接市场，企业入驻园区后，政府简化办事流程，帮助企业提高“从厂房到门店”的效率，让产出的食品安全、优质、快速供应到消费者的餐桌上。在企业项目建设过程中，园区安排专人提供全方位、保姆式服务，及时协调解决出现的问题，还为企业提供工商注册、立项、环评、地勘、设计等全程代办服务，保证了项目按时完成建设任务，及早生产。湖南湘典食品有限公司是浏阳“中央厨房”产业链的龙头企业，也是浏阳市两型产业园引进的首家预制菜[①]生产企业。由于投产早，湘典食品公司自动化生产线每天可以生产梅菜扣肉、干锅牛杂、鸡汁烟笋等特色预制菜5万余袋，产品从厂房直接送往四川、江西、广东等地用户的厨房。对于下班较晚，时间紧张的城市上班族来说，只需将预制菜炒熟、蒸热一下就可享受美味。在湖南湘典食品公司等龙头企业的带动下，“甜厨”“捷厨”“厨娘”“如意厨”等一大批预制菜生产企业相继入驻园区，并形成集聚效应，一个以“预制菜”为主导的湘菜产业园初现雏形。凭借可预制优势，浏阳蒸菜可以在食品安全、品质保障、安全运输、控制成本等环节加大创新力度。

4. 引进外来食品制作保鲜科学技术

食品具有“易变质”“易腐蚀”等特点，贮运设施的完备以及物流全程温控不仅影响到贮藏、流通、销售等环节食品的损耗，而且直接影响到食品的质量安全。近年来，随着我国冷藏、冷冻技术水平不断提高，城乡冷链建设逐步完善，消费市场日臻成熟，冷藏、冷冻食品从而实现快速发展和转型升级。

厨房及其配套设施的功能型厨房设备是指放置在厨房或者供烹饪用的设备工具的

[①] 预制菜：“预制菜”是一种针对宴席菜、酒饭店特色菜在制菜过程中繁杂等特点；食品企业星级大厨通过食品工业手法对各类菜品原料进行专业分析，针对食材的不同特点运用不同的制作方法有针对性的研发，用现代标准化通过中央厨房集中生产。科学包装；采用急速冷冻技术（零下18℃）保存，以及时保障菜品的新鲜度和原味。预制菜省去了食材采购的烦恼，简化了制作步骤，经过卫生科学地包装，再通过加热或蒸炒等烹饪方式，就能直接作为餐桌上的便捷特色菜品。

统称，厨房设备是否好用，也能左右菜品口味。蒸菜，最原始的是用竹笼蒸，蒸出来的食物原汁原味，水蒸气不倒流，菜里面还会有淡淡的竹香，但蒸笼已经跟不上大批量的生产潮流，何爹蒸菜自主研发的蒸柜应运而生，相比于市面上其他蒸柜产品蒸制的菜品更多，更加省时省力，器具内水汽更少，更符合无菜不蒸的特点。所以科学化的生产要做好保鲜科学技术，更要做好产品的研发，设备的更新换代。

5. 科学选择各地特色物产，建设现代化物产示范基地

随着食品生产和贸易的发展，以及人们生活水平的不断提高，我国对食品质量、安全和食品标准化工作提出了更高、更新的要求。餐饮行业领导者、餐饮饮食协会引领指导相关餐饮企业负责人到农村进行实地考察，发掘当地的特色食材，建设集约化的生产基地，为浏阳蒸菜产业化发展规模打下坚实的基础。

大型企业在开发浏阳蒸菜产品时，可根据各个地方的特色物产，建设现代化农业示范基地及配套设施。兴建蔬菜示范基地、养殖基地、水产基地，打造绿色有机农产品，使原料的种子从栽培到生长、采摘加工都是标准化、系统化的，实现生态农产品的转型升级，满足浏阳蒸菜产业化发展的需求。同时，以浏阳蒸菜文化为核心，增加菜品附加值，突出产品特色文化，开拓国内国外市场。近年来，我国食品工业加大投入，各行业技术装备水平都有不同程度的提升，科技支撑能力增强，对推进食品工业快速发展起到了积极作用。行业装备水平进步显著，通过引进技术和设备，谷物磨制、食用植物油、乳制品、肉类及肉制品、水产品、啤酒、葡萄酒、饮料、方便面、速冻食品等行业的大中型企业的装备水平基本与世界先进水平同步。在此期间，我国攻克了一批关键技术，在食品物性修饰、非热加工、高效分离、风味控制、大罐群无菌贮藏、可降解食品包装材料等关键技术研究上取得了重大突破，科技的发展以及示范基地的建立，对于可持续发展提供着重要的保障。以长沙何爹蒸菜企业为例，调料食材的品质保证新鲜无公害品质上的食材，大品牌的调料能够保证菜品的口味，蒸菜对于材料要求也相当严格，蒸菜讲究原汁原味，调料以及油脂能起到辅助作用，所以摄入量很小，以次充好以及冻鱼冻肉是做不出来鲜美的味道，这种情况再好的厨师遇到也会犯难，所以食材本身也是关键。科学化选择各地的特色物产建设现代化物产示范基地尤其重要。

6. 培育蒸菜产业龙头，完善产业扶持政策

要把湘菜产业作为加快经济发展方式转变、推动富民强省的重要产业来抓，推动湘菜产业发展上水平，大力发展食品工业。要加快浏阳蒸菜标准化、连锁化、产业化步伐，着力打造上规模、有特色、在保持传统优势基础上能创新的浏阳蒸菜旗舰店，发挥品牌示范带动作用；要从政策、资金等方面研究出台措施，扶持建设原辅材料基地、湘菜人才培养培训基地，帮助有条件的湘菜龙头企业上市融资等；要着眼食品安全，建立湘菜食品检测平台，让消费者吃湘菜吃得放心；要积极引导，加强湘菜的品种改良、产品开发研究、品牌建设推广等工作；要加大对湘菜的宣传推介力度，提升湘菜影响力和知名度；要加强领导，主动协调，跟踪服务，定期研究，把促进湘菜产业发展的各项政策措施真正落到实处。

着力培育蒸菜产业龙头。重点加强龙头企业、品牌菜馆、蒸菜大师的培育，形成一批知名度高、影响力大、综合实力强的领军企业和人物。依托现有粮油加工企业，加大招商引资力度，加强蒸菜产品技术创新与开发，大力发展速食、熟食产品加工，着力培育蒸菜加工龙头企业，形成浏阳食品加工产业特色。加强浏阳蒸菜馆的建设，选择培育一批品牌蒸菜馆。大力实施“名师出名菜，名品扬名店”战略，培育一批蒸菜烹饪大师。

加快发展蒸菜产业体系。围绕与龙头企业配套，大力发展蒸菜辅料、调料、包装产品以及蒸具设计、生产等配套加工企业；大力发展蒸菜产业农产品生产基地，大力推进农产品标准化、生态化、规模化生产，推动农业生产方式转变。加强城市餐饮市场建设，完善城区和旅游景区品牌餐馆布局规划，大力发展以蒸菜为主题的农家乐，不断提升餐饮服务业水平。积极推进产业对接，大力推动浏阳蒸菜产业与流通业、旅游业、传媒业的有机融合，努力打造蒸菜产业集群。

不断完善产业扶持政策。制定蒸菜产业发展行业标准，推动蒸菜产业规范化、标准化发展。进一步扩大与中国烹饪协会的合作，拓展与相关食品科研机构的合作，采取产学研结合的方式加大蒸菜菜品、蒸具产品、快餐食品等方面的研发力度，强化蒸菜产业发展技术支撑。高度重视蒸菜专业技术人才培育，加大蒸菜技术普及力度。加快蒸菜“走出去”步伐，大力支持蒸菜名牌企业、连锁企业走出浏阳，鼓励向海外输出蒸菜厨师，开展国际间饮食文化交流，提高浏阳蒸菜的国际知名度。

参考文献：

[1] 李晓萍，张慧丽，陈星羽．湖北蒸菜文化的传承及产业发展 [J]. 现代食品，2020(21):52-55.

[2] 谢军．基于现代营养学背景下浏阳蒸菜的文化解读 [J]. 南宁职业技术学院学报，2020,25(03):5-7.

[3] 蒙志军，陈亚静．湘菜产业新突破 [N]. 湖南日报，2010-03-28(001).

[4] 徐松竹，蒙志军，陈亚静，唐薇频．浏阳打造全国菜系“肯德基”[J]. 中国检验检疫，2010(08):56.

III 企业案例篇

徐记海鲜：后疫情时代长沙湘菜餐饮产业逆市扩张转型升级的标杆[1]

祖鹏[2] 周豫湘[3]

这是一个经典的逆袭故事。

徐国华，徐记海鲜酒楼创始人。他木匠出身，借款400元起家，在海鲜餐饮领域打拼22年，如今年营收超14亿元。2021年，徐记海鲜在长沙、西安、武汉、上海、深圳等地拥有55家门店，营业面积超10万平方米，被中国饭店协会授予“海鲜领军品牌企业”。中国企业平均寿命3.8年，22年的徐记海鲜绝对算得上是“长寿企业”。2020年疫情发生后，徐国华还逆势投资1个多亿元，新开8家门店。徐国华和他的徐记海鲜到底有什么秘密？

一、新冠肺炎疫情下的中国餐饮业

据国家统计局数据显示，2020年我国餐饮行业受疫情影响收入仅为3.95万亿元，同比下降16.6%。2020年春节，新型冠状病毒感染的肺炎疫情的暴发，使我国餐饮业遭到重创。原本每年除夕是餐饮业最忙碌的日子，每个餐厅都在准备一年中最丰盛的晚餐，但是2020年，好像被施了魔法，疫情的发生，世界停摆了，再好的餐馆，再好的团圆饭材料，都没有人来……疫情使人们待在家里，街道小巷空无一人。整个世界都失去了活力，餐饮业停滞不前。据恒大研究院估算，餐饮行业零售额仅在春节假期7天内就有5000亿元的损失。

疫情防控期间，客源骤然下降，许多餐企停业止损，企业股价连续下跌。据统计，广州酒家、海底捞、呷哺呷哺、百胜中国等企业的股价均出现不同程度的下跌。其中，呷哺呷哺股价累计下跌23.37%，单日最大跌幅8.65%；而广州酒家在2月3日跌停。不仅是大品牌，小餐馆和小商家也在疫情中受到严重打击，入不敷出。随着疫情在全

---

① 由周豫湘、祖鹏等根据相关资料整理。

② 祖鹏（1979.08- ），男，湖南长沙人，长沙商贸旅游职业技术学院副教授，主要从事餐饮文化、职业教育研究。

③ 周豫湘（1986.11- ），女，湖南湘乡人，长沙商贸旅游职业技术学院讲师，主要从事餐饮管理、职业教育研究。

国范围内逐渐得到有效控制，经历了寒冰期和解冻期的餐饮行业正在复苏，但很多人发现，餐饮行业还受到疫情余波的影响，即使门店大门敞开，来消费的人并不多。餐饮行业也从最活跃、迭代最少的行业变成了最不景气的行业。很多企业扛不过去倒闭了，但更多的企业走上了改革发展的道路，海底捞、小龙坎等火锅品牌开始多样化包装产品，分担风险。在这极不景气的行业大环境中，业界海鲜领导品牌徐记海鲜却始终保持着稳步增长，2020 年徐记海鲜进军西安、武汉，2021 年进军深圳、上海，以良好的势头新开多家连锁门店，且每天到店用餐的顾客几乎爆满，常常座无虚席。徐记海鲜通过模式创新、经营变革实现了异军突起、逆市扩张。不得不说，徐记海鲜的版图越来越引人瞩目。截至 2021 年 7 月，徐记海鲜在上海、深圳、西安、长沙、武汉拥有 55 家门店，年营业额超 14 亿元，全年采购品质海鲜及食材超 5 亿元，每年超 545 万人次到徐记吃海鲜。在众多中高端餐饮企业经营困难的情况下，徐记海鲜通过对餐饮产业链的变革创新，走出了一条在极端恶劣的行业大环境中，中高端餐饮成功突围、逆市扩张的成功之路，凸显了后疫情时代中高端餐饮变革突围的发展方向，徐记海鲜成为长沙中高端湘菜餐饮企业逆势上扬的一个标志企业，堪称湖南餐饮界的“标杆”，这对于迫切寻求创新升级的餐饮行业颇有借鉴意义！

二、徐记海鲜的发展历程

徐国华，湖南湘阴人。

湘阴民风朴实，徐国华原本也是农民出身。

改革的“春天”永远都是“躁动”的。徐国华最开始是木匠，在家乡做事，手艺不错，但就是不赚钱。他倒腾过茶叶、卖过菜籽也开过餐馆。

为了寻找新的出路，徐国华借了 400 块钱，准备去城里闯一闯。拿着 400 块钱，他干起了农贸公司，给各大宾馆、酒店供应海鲜。八年里，徐国华见识了很多事情：一些鱼虾类他们拿货只要二三十块钱一斤，但高档酒楼卖给客人二三百一斤，利润空间极大；很多餐厅为了“省钱”，把死海鲜当活海鲜卖，吃完经常拉肚子；一些商家称给你看的是一斤半的鱼，实际给你的却是一斤二两。不仅是小餐馆这样，一些大饭店也一样；还有一些餐馆，烹饪水平完全掌握在个别大厨手里，所以有时好吃、有时不好吃……

也正因为如此，大部分酒楼都经营不善。徐国华“看着他们起高楼，看着他们楼塌了"，"城门失火，殃及池鱼"，也因为经营不善，他们开始拖欠供应商货款。徐国华当时被欠了很多钱。有的欠七八十万元，有的欠四五十万元，一些老板还不上钱，就把自己房产抵押，徐国华收了很多房子。有房子，没钱，徐国华不得不去思考新的出路，被逼无奈，徐国华决定自己开酒楼。一个2000多平方米的店，20万元左右就能开下来，日常朋友的宴请也方便。当时市面上大部分餐厅为了控制成本，都会做冰冻的"死海鲜"。但长期的海鲜供货经验，徐国华掌握了一系列的能够让海鲜活更久的技术，从源头、运输、内陆海鲜池存养等各个环节把控，能最大程度地降低海鲜损耗，比一般餐厅更有优势。1999年，徐国华带上两个跟他一起做海鲜的亲弟弟以及另一名亲戚一起拿下了2500平方米的店面，在长沙伍家岭创办徐记海鲜大排档，以"当面挑、当面称、当面宰"的消费模式在当时混乱的海鲜市场赢得了很好的声誉。开店之初，他给自己定下了三条规矩：第一，开店不能靠熟人。不能总靠熟人朋友来吃救济，一定要自己把菜做好、做出特色赢得顾客。第二，食材供应上一定要好。因为他看到了太多店倒下，自己不能再犯那些错误。第三，少放调味料，做出食材的本味。徐国华认为，徐记做菜不但要好吃，更要耐吃，不能吃一顿就吃腻了。徐国华的判断正确，用"活海鲜"优势来做差异化，在当时的市场，是完全的"降维打击"。市民几乎是奔走相告，要请客，并且上档次的，就选徐记海鲜！他家的海鲜都是活的，自己现选现做，并且还有专门的沥水篮，斤两够！

徐记海鲜在长沙首店即火，之后几乎一年开一店，生意都非常好。2005年开到第四家店时，管理明显跟不上，徐国华请来了专业的职业经理人管理，企业进入了新的发展。徐记海鲜虽然是家族企业，但很早就是公司化的运营策略。

2006年，徐记海鲜成功走出湖南，在陕西开设第一家门店。到2017年，徐记在湖南、陕西共开设19家门店，稳步发展，沉淀市场，为走向全国打下坚实基础。2018年开始，徐记海鲜加快发展步伐，进入快速发展阶段。在中高端餐饮增长相对缓慢的情况下，徐记海鲜进一步开拓湖北、广东、上海市场，连续三年每年新增9家以上门店，单店面积在2000平方米以上，在湖南餐饮行业中保持领先地位，年营业收入保持在20%以上的增速。截至2021年7月，全国连锁门店55家（详见图3-1），且全部为直营模式。历经20多年的沉淀，徐记海鲜在食材采购、菜品组合、口味研发、就餐环境以及服务的规范性方面形成独特优势，成为中国餐饮行业的知名品牌。现在徐记海鲜以客户体验为中心，致力于为更多人带来更新鲜、更健康、更快乐、更高性价比的海鲜美食体验，力争成为世界级海鲜餐饮的领“鲜”者。这些理念的提出，是在市场的不断洗礼中得出的，也是徐记海鲜一次又一次成长蜕变过程中的坚强支撑。2020年，面对新冠肺炎疫情的冲击和复杂严峻的国内外形势，徐记海鲜集团展现出较强的抗风险能力，通过聚焦主责主业、精准发力施策、发挥品牌优势、坚持技术创新、优化资源整合等举措，积极推进疫情防控与复工复产，提升市场消费信心，全年实现营业收入14亿元，同比增长超过8%，公司净利润4.64亿元，同比增长超过20%，确保了徐记海鲜“十四五”的开局之年在高质量发展轨道上行稳致远。

图3-1 徐记海鲜发展历程

三、徐记海鲜成功逆袭的秘密

（一）“海·鲜文化”建设——徐记海鲜领“先”发展的基石

企业文化是企业在长期的生产经营过程中形成的管理思想、群体意识和行为规范，是企业宝贵的、潜在的无形资产和精神财富。企业文化作为企业经营观念、品牌形象、企业形象、企业声誉等的母体，在激烈的市场竞争环境中至关重要，是企业改革发展的强大精神推动力。

徐记海鲜的成功首先在于其切实加强企业文化建设，引入优秀管理理念。徐记海鲜对企业的服务理念、业务流程等进行梳理和提炼，形成了极具特色的“海鲜文化”。其核心理念是“领鲜世界，鲜活人生”，非常契合企业特征，并且让员工有较强的使命感和自豪感。“海鲜文化”建设工作在徐记海鲜形成了全方位渗透、全方位营造的良好风气和氛围。徐记海鲜对“海”和“鲜”的具体解读耐人寻味。海，海纳百川——代表徐记海鲜的博大胸怀与家园情怀；海阔天空——表明徐记海鲜的事业追求与奋斗平台。鲜，新鲜本味——讲的是徐记海鲜赖以生存的根；鲜活人生——则指徐记海鲜持续发展的魂。核心理念包含两个方面，一是“领鲜世界，鲜活人生”的使命愿景；二是“以客户体验为中心，以贡献者为本，持续奋斗和坚持自我批判”的核心价值观。

那什么是“领鲜世界，鲜活人生”的使命愿景？徐记海鲜的释义非常生动具体：一是“五更”的发展方向，为更多人带来更新鲜、更健康、更快乐、更高性价比的海鲜美食体验；二是共同愿景目标，力争成为世界级海鲜餐饮的领“鲜”者；三是企业的终极使命是使客户、员工、企业三位一体，相互成就，共同拥有鲜活人生。所谓鲜活人生是一种人生态度，是阳光健康、充满活力的人生，是不甘平庸、持续奋斗的人生，是追寻梦想、绽放精彩的人生。所谓相互成就包括顾客、员工、企业三个层次。让顾客商务宴请在徐记，事业更成功；家庭宴请在徐记，亲情更温暖；朋友宴请在徐记，友谊更真挚；让员工成长在徐记、成就在徐记、幸福在徐记；同时徐记将会与时俱进、创新发展、永葆活力、基业长青。

餐饮行业本质上是以客户体验为核心的服务行业。服务体验的持续提升是徐记海鲜的核心竞争力。在徐记海鲜的核心价值观中，是以客户体验为中心的；强调客户价值，是企业战略、经营的最高纲领；一切工作都围绕和聚焦于客户体验；坚守诚信、新鲜等正道，创新菜品、服务、环境。围绕这一核心价值观，对客服务尊崇“亲和、专业、高效、感动”的八字原则。服务态度要亲和，服务要有同理心，待客户如亲人，让客户有回家的感觉。专业是指服务标准，服务要不断提升整体的专业化能力，体现更高的职业标准。高效是指服务响应，服务要及时响应、灵活应对顾客个性化需求，不拘泥于标准而影响客户体验。感动是指服务效果，服务要以客户体验为服务的最终衡量标准，将感动客户作为不懈追求的服务目标。

二、食材全球原产地采购——徐记海鲜领“鲜”22载的奥秘

徐记海鲜成立之初得益于供应链，在扩张其他城市时，更加重视供应链的打造。

每到一个城市，供应链就重新做一遍。以 2021 年初深圳开业的两个店为例，徐记海鲜总部提前三个月派人驻扎深圳，重建进货渠道。深圳临海，海鲜的进货运输渠道跟长沙不是一条线，米面粮油盐、辣椒和蔬菜也是用当地的。鲜嫩爽滑的法国生蚝，张牙舞爪的澳洲大龙虾、肉质奇妙的深海比目鱼、魁梧凶猛的俄罗斯大板蟹……这些优质海产是所有饕餮客都期望品尝的，然而并不是所有人能常有机会享用大海的馈赠。徐记海鲜为了能让所有消费者都能享用物有所值的优质海鲜，义无反顾地走上了探寻大海宝藏的鲜享之路。面对高昂的运输成本、不稳定的供应链和不成熟的保鲜技术这一系列难题，徐记海鲜用实际行动交出了满意的答卷。在徐记海鲜池里蓄养着韩国统营的新真蚝、美国阿拉斯加蟹、波士顿龙虾、大西洋北极贝、北冰洋帝王蟹、俄罗斯板蟹、朝鲜白蚌黑蚌……这些来自全球各地的顶级海鲜美食让客人啧啧称赞。而且，以往要吃到这些进口的深海海鲜，只能去到高档的星级酒店，并且价格非常昂贵，普通的一道进口海鲜，价格少则几百元，多则数千元。而在徐记海鲜，这些极品海鲜不仅品类丰富，价格不到星级酒店的一半，非常实在，完全颠覆了人们对进口海鲜价格高昂的印象。

前身是海鲜和农产品原材料供应商的徐记海鲜，其在创办之初就凭借先天供货渠道的独特优势，实现了采购的良性循环。徐记海鲜建立了独到的全球采购体系，在世界各地拥有多家优质海鲜供货商和上百个专业养殖合作基地，这确保徐记在采购海鲜食材时，能够探寻源头、直接进货，在保证品质和安全的前提下，减少采购、运输等中间环节。徐记专业的采购团队直接前往俄罗斯采购板蟹，在日本采购金枪鱼等，将节约的成本让利给顾客，也为顾客带来更高性价比的海鲜美食。这一体系还帮助徐记海鲜从世界各地挖掘新鲜美味的海鲜食材的同时，引进国外时尚的海鲜冷食烹饪方法，让顾客享受到全球不同地域顶级的珍稀海鲜美味。徐记海鲜独具特色的全球采购模式最大限度地降低了食材采购成本，增强了市场竞争力。如今，徐记海鲜在全球各地建立了长期固定的海鲜采购中心，确保了海鲜的新鲜度，开启了内陆海鲜的新时代。

徐记海鲜之所以能够施行全球采购战略，把全球顶级海鲜食材以亲民的价格提供给顾客，是因为徐记海鲜已经拥有稳定的客源，庞大的客群保证了徐记海鲜长线稳定的供货渠道。徐记海鲜的供应链采购员工现已外派常驻国外，从法国、澳洲、日本、俄罗斯等地源源不断地保证优质鲜活海鲜的供应。徐记海鲜还在不断扩大采购网络体系，为更多的顾客带去更新鲜美味的海鲜，徐记海鲜董事长徐国华表示：“这么多顾客的支持，是让我们大量集中采购，将自己的优势转化为消费者提供好的食材和服务上的根本所在。”

（三）健康安全与食材新鲜本味的坚持——徐记海鲜领“先”的关键

《中国餐饮报告 2018》指出，中国消费者的健康诉求持续增加，“吃调料”的时代逐渐没落，“吃原料”的时代开始崛起，“吃安全”“吃健康”已成为餐饮行业的新主题。

食品安全是餐饮企业发展的生命线。很多餐厅为了“省钱”，把死海鲜当活海鲜卖，吃完经常拉肚子。徐记海鲜对于食品安全坚持底线思维、红线意识，将安全管理全面纳入各级人员的岗位责任与目标考核中。徐记海鲜设置了安全红线，一旦发生安全事故，坚决追究相应责任，无论谁触犯安全红线，个人及所在门店的绩效考核、晋升发展中实行一票否决。为了守住餐饮安全红线，徐记海鲜专门成立安全质控中心，系统梳理相关风险因素，坚持源头控制，抓早抓小，防患于未然，既有防控风险的先手，又有应对危机的机制。徐记海鲜从上到下责任落实，将安全质量工作融入员工的日常工作中。全员树立安全风险意识，思想高度统一，做实安全质量保障工作，沉淀为每一个徐记人的自觉行为。在食品安全上，徐记海鲜全面建立风险管理体系，加强对供应商的管理，建立原材料溯源体系，在收、产、销、存四方面确立了出品卫生安全保障体系。注重门店的现场操作，徐记海鲜在厨房革命中扮演先行者角色，地面上没有一滴水，灶台上没有一丝油迹，甚至冰箱把手上都包了白毛巾，“抹布可以洗脸”，徐记海鲜的厨房里干净得似乎有“洁癖”之嫌。

徐记海鲜在餐饮界提出“适时而食，新鲜本味”的理念，希望回归食材新鲜本味。徐记海鲜出品中心开发出来的每一道菜都具有严格的厨房操作标准，徐记海鲜的师傅们学习新菜的时候，每一个菜品制作的细节都会有详细的培训。这样的工匠精神使得每一家门店里的产品风味都保持了一致，客人们丝毫不用担心吃不到正宗的徐记菜品。在徐记海鲜的厨房里，老师傅们教导新人的第一句话叫作“餐做餐，餐卖餐”。徐记海鲜这么说，也的确是这么做的。徐记海鲜的厨房里食材不论是肉类还是蔬菜，基本上都保持着当天进货当天售完的状态。

徐记海鲜从做海鲜和农产品原材料供应商起家，在食材的选择和储存等方面有着专业的把控。一是在采购方面，坚持精品采购原则，在全球采购优质食材，网罗世界优秀食材，注重原材料供应原产地认证，选择好的食材品种。徐记海鲜在全国各地合作建立养殖基地，有专业的食材选择师驻扎，经过他们的精心挑选，选择出更加新鲜，更有品质的海鲜提供给各位顾客。多年的诚信经营也构筑了稳定的供应商团队，不仅采购高品质食材，还带动供应商提升标准，制定严格的采购规则，要求供应商恪守高标准，确保食材的新鲜性。通过与供应商达成紧密的合作关系，徐记海鲜帮助他们建立可持续运营的相关知识和技能，推动产业链的质量提升。二是在配送方面，徐记海鲜依托全球快捷的物流体系，俄罗斯板蟹等许多全球的海鲜美味从捕捞上船到航空转运，再到端上餐桌，只需要数小时。全程采用专业冷链配送，从原产地到门店设计更优化的运输线路，确保更新鲜的食材能够第一时间送到顾客面前。三是在仓储方面，徐记海鲜坚持“新鲜原材料不超过18个小时，活海鲜死了不卖，冰箱储存零库存”，秉承尽量不多设冰箱的理念，通过高效的管理系统，尽量保证食材的新鲜。在海鲜的门店养殖方面，设置专业的海鲜池和海鲜养殖员，通过对不同品种海鲜养殖条件的精确把控，对温度、湿度、盐度等各个方面严格要求，保证海鲜的鲜活。随着品牌影响力的扩大和企业的快速扩张，为了保障菜品出品质量，2017年徐记海鲜在隆平高科技园投资建立了中央厨房，投资建立了加工物流配送中心，统一食材采购、统一半成品加工、统一投料与检验、统一出品标准以及统一冷链物流配送。所有徐记海鲜门店全部实现中央厨房配送，确保顾客体验的一致性。一些使用量大、鲜度保持较久的产品，如面点在中央厨房实现成品加工，配送到门店只需进行简单加工即可。还有一些食材、调味品等也可以在中央厨房进行半成品加工，充分保障了产品品质、卫生标准等的统一。对于海鲜类产品等必须现场加工、高度依赖人力的产品，徐记海鲜建立了统一的标准，从选材、新鲜、火候、本味、色泽、造型及温度七个环节，环环相扣，保证产品质量。后来这七个环节，形成了徐记海鲜的出品理念“三字经”——鲜、本、时，意思是新鲜、本味、当季。

在销售方面，坚持天买天、天卖天、餐做餐、餐卖餐，讲究当季食材，适时而食，强调健康、安全、绿色、自然、原生态的食材。每一季都推出当季的新鲜菜品，强调裸烹理念，少盐、少油、少添加，尊重食材本料原味的初心，用最简单的方式还原最新鲜的食材本味。为了保持海鲜的鲜度，徐记海鲜所有的海鲜都会第一时间运输到店。经过24个小时的新鲜直链，从大海启程来到门店中的海洋池。除此之外，每个店都安排了专职的海鲜养殖员，从源头采购到科学养殖，徐记海鲜始终把“鲜”字贯彻到底。秉承着“应时而食”的理念，徐记海鲜在每个季节都加入1～2批应季的食物。比如，徐记海鲜会在盛夏时节提供小龙虾，在金秋时节提供肥美的大闸蟹，即使其他时间段也有货源，但是肉质口感不佳，其选择宁缺毋滥。徐记海鲜的产品研发中心用上好的新鲜食材基于家庭本味开发出美味的应季菜品，拒绝添加剂，拒绝反季节食材，只用食材本身的新鲜，就能做出连小孩子都印象深刻的鲜享味道。徐记海鲜的菜单随时而变，菜单上的内容永远都是当季产品，春天是“春宴”，夏天是“暑席”，秋天是“蟹宴”，冬日是“冬享”。孔子在《论语》中云：“不时，不食。”这是徐记海鲜的产品理念与中国的饮食文化无形之中的契合。也许正是因为新鲜，徐记海鲜的出品得以少用甚至不用调料。新鲜本味，这便是每年数百万人光顾徐记海鲜大快朵颐的理由。尽管徐记海鲜是以湘菜与粤菜立足，但是徐记海鲜的出品中心远远不满足于只做传统菜肴，出品中心的大师傅们绞尽脑汁地开发新菜品，只为了让任何季节前来用餐的客人们都获得截然不同的感受，而这些传承传统开拓创新的菜品代表了徐记菜的风范。徐记海鲜采购的海鲜有 180 多种，在烹饪方法上，将湘菜、鲁菜、粤菜、淮扬菜、川菜等各大菜系融合演变，还有泰国、法国的一些方法，自成一系，徐国华笑称自己是“海鲜系”。但和其他海鲜店不同，徐记海鲜的食材只有 1 ～ 2 种做法，以清蒸为主。虽然菜品做法不多，但是每种做法都经过了无数次的试验，只有得到神秘顾客——徐国华董事长的最终认可，才能够被端上餐桌。比如，和日料店不同，徐记海鲜提供的刺身通常被厨师切成大块，这样能够让顾客吃一口，就充盈整个口腔，立刻品尝到食材本身的鲜美。

在徐记海鲜，菜品的命名基本以“做法 + 食材”的方式呈现，如蒜茸粉丝蒸俄罗斯板蟹、葱姜炒梭子蟹、清蒸老虎斑等。朴实的命名方式，不仅让顾客能够直接看见菜品的做法，也在无形间拉近彼此的距离感。从海鲜的采购养殖、食材的选择烹饪到菜品的摆盘命名，都能够体现徐记海鲜对新鲜本味的执着和回归食材的初心。健康安全是餐饮业良性发展的基础，原料决定产品，产品决定品质。为了保证食材健康安全、口味精美、新鲜地道，徐记海鲜坚持原料原产地直接供应，不惜重金从海外直接采购污染更少、肉质更细腻、营养价值更高的深海海鲜。上乘的原料、巧妙的搭配、得当的调味，造就了徐记海鲜“新鲜本味”的行业口碑，在餐饮界独树一帜。

（四）服务独具匠心，顾客口碑良好——徐记海鲜领“先”的法宝

在美食层出不穷的长沙，徐记海鲜凭借独具匠心的服务理念，赢得了顾客的广泛赞誉。残酷的竞争市场中，缺斤少两的现象时常出现。但徐国华却认为，做酒楼就是

要舍得“吃亏”。2010 年，徐记海鲜就在海鲜池旁摆放一个沥水筐。顾客选好海鲜之后放入筐内沥水，直至不见有水滴下来，服务员才会拿到秤上称出实际重量，让顾客明明白白消费。在用餐区旁，徐记海鲜还精心提供了很多免费的应季水果和银耳莲子粥等美食，供顾客品尝。更值得一提的是，外卖市场上流传广泛的铝箔外卖盒，正是来自徐记海鲜。铝箔餐盒成本是一次性餐盒的 5 倍左右，但是保温效果好，而且环保。因此专业团队飞往厂家实地考察，最终敲定这款铝箔餐盒作为外卖盒。用餐过后，徐记海鲜还有专人进行回访，及时了解用餐情况。如果遇见特殊情况出餐速度太慢，工作人员会电话联系，并赠送小礼物作补偿。虽然工作量巨大，但是徐记海鲜一直在坚持做这件事情。徐记海鲜的门店一般选址于繁华地段，因此停车成了难题。而徐记海鲜化难题为服务品质，合理地利用附近停车资源，安排专人为客人热情服务，免费代客泊车提车，让客人轻松享用美食。徐记海鲜从细节入手、倾心服务顾客，打造了服务一流的行业口碑。徐记海鲜将客户体验的持续提升作为核心竞争力，一切工作都围绕和聚焦于客户体验，以亲和的态度、专业的标准、高效的响应，将感动顾客作为不懈追求的服务目标。徐记海鲜深知员工是客户体验的创造者，因此在徐记海鲜，员工既是工作伙伴，又是事业合伙人，更是家人。徐记海鲜将员工的发展与企业的发展紧密联系在一起，激活每一个员工的主人翁意识，员工与企业共进退，形成共同体。

为了帮助员工成长，提升客户体验，徐记海鲜全面优化岗位工作流程，制定岗位考核标准，建立并实施岗位认证体系。从门店前堂到后厨各个岗位，再到总公司的各部门岗位，均制定严格的工作流程和考核标准，所有岗位必须获得相关认证方能上岗。公司专门成立徐记学院，为了培养员工成为能够带领团队、开疆拓土的创业者；能够变革升级管理、改进产品服务的创新者；能够爱岗敬业、示范引领的创优者，老板带领员工持续学习，跟上行业变化的脚步，使员工不断自我增值，与企业共同进步。为了提高学习效率，徐记海鲜引入线上培训系统，制作优质的培训资源，根据员工岗位分配学习账号与任务，让员工在碎片化的时间里完成学习提升。另外针对餐饮门店员工的能力素质要求，开发不同类型训练营，尤其是在员工晋升前，必须参与专门训练营的脱岗集中培训，经过训练营考核 + 在岗业绩考核合格后，方可晋升到新的岗位。为了提升全员素质，徐记海鲜高薪聘请专业人才，从产品、营建、研发、管理等各方面引进人才，为公司快速发展储备人才。徐记海鲜也非常注重与当地餐饮专业院校的合作，积极从院校引进专业毕业生，设置学历津贴，明确发展路径。清晰的职业规划让毕业生在快速实现自我人生价值的同时也促进了公司的发展，保障公司快速扩张战略关键期的人才供应。同时，徐记海鲜不断升级技术和设备，让员工工作更高效，为员工提供更有力的支撑。

徐记海鲜以客户体验为中心，以结果为导向，充分授权一线员工，赋予一线员工更多权限与责任，让员工感受到家人般的信任与支持。徐记海鲜坚持将员工当客人看待，在员工的膳食方面，徐记海鲜对员工餐的新鲜要求和标准制作与客人都是一样的。徐国华先生说："如果连员工在自家企业都吃得不满意，那么客人又如何满意呢？"员工的主人意识也充分激发其服务的自主性和能动性，也为客人创造了更优质的用餐体验，形成了良好的市场口碑，带来了更多稳定、忠诚的客户群体。

什么是好的服务？好服务有人理解为有求必应，有人理解为热情周到，有人理解为惊喜和超出预期。但在徐记海鲜，好的服务的标准是与顾客"链接"和"互动"。围绕链接和互动，徐记海鲜在大众点评与顾客线上互动。与顾客互动的线上渠道有很多，比如，微博、微信公众号、微信群等，但徐记海鲜把互动的精力用在了大众点评。其背后的逻辑是：顾客，尤其是新顾客，在选择去徐记海鲜时，大概率会搜一搜大众点评，看一看评论和推荐菜，是一个即时的信息搜索。除了评论的即时回复，如果当天有重要宴请或包场，或者接待不过来的特殊情况，在大众点评上预先告知顾客情况，比如需要排队多久等情况，顾客在来之前就有一个预判，会减少不必要的空跑和不满，也会让顾客觉得这是一个将顾客放在第一位的店。标准化流程，标准化动作，最终形成好的服务。好的店长靠丰富的经验，好的餐饮企业却一定有科学的标准化要求。在徐记，店长一餐有六个固定站位，时刻与顾客链接。徐记海鲜把一餐分为六个时段，分别是迎宾、点菜、传菜、上菜、买单和离店，在不同的时间段，店长要准确出现在应在的位置。比如中午十一点多开餐前，店长要出现在门口迎宾的位置，与老顾客打招呼，让他们觉得宾至如归，并且关注到新客，给他们受欢迎的感觉和安全感。点菜高峰阶段就要出现在点菜区域，了解当天的情况，必要时向顾客介绍菜品和企业。在每个不同的时间段，店长都会眼观六路、耳听八方，出现在相应位置，了解和督导当餐的情况。注重细节，让菜品和顾客说话。在徐记海鲜，有两个服务小细节，与一些餐厅不太一样。第一个是菜上满需腾地时，许多餐厅都是大盘换小盘，但徐记海鲜会要求服务员把盘子里的菜分给顾客，而不是再放到小盘子里。因为海鲜是对温度比较有要求的菜品，如果从大盘换到小盘，到时凉了顾客再去夹，势必已经失去原有的味道，影响体验。另外带火的菜品上桌之后，服务员必须要有一个动作，就是“翻锅”，让顾客听见火与汤汁相煎时“滋啦”的声响，闻到诱人的香味，让菜品自己跟顾客说话。另外，徐记海鲜环境优雅大气，注重宾客如归用餐体验。徐记海鲜将“食”与“观”完美结合，典雅大气的环境，成为众多顾客驻足停留的理由。门店普遍拥有“新中式风”“国际风”的装修风格，采用香槟金为主色调，低调而不失大气。艺术气息浓郁的壁画和设计感强的灯具相互映衬，延伸了空间感。大小包厢环境高端大气，拥有足够的私密性，适合商务宴请。而宴会厅配备了高品质的灯光音响，更适合商务宴会。在这样的环境下用餐，顾客可以获得宾客如归的体验，一日三餐都被赋予了仪式感。

（五）精细管理成本，打造亲民品牌——徐记海鲜领“先”的源动力

餐饮业作为制造与服务相结合的特殊行业，有自己鲜明的行业特点，经营环节繁杂，产品规格多但批量小，生产过程时间短，生产量较难预测，原料和产品容易变质，餐饮成本损耗点、泄漏点多（成本泄漏点是指餐饮经营活动过程中可能造成成本流失的环节）。可以说对餐饮成本的管控能力是未来中餐企业竞争力的重要标志，是餐饮企业能否长远健康发展的基础。相比其他行业，餐饮行业变动成本率高，而且餐饮成本在整个业务流程都有变化，因而餐饮成本控制是餐饮经营最大的难点之一，餐饮内控管理难度大、要求高。很多餐饮企业在市场竞争中一味地追求利润与销售额的增长，而直接忽视成本控制。针对成本管控的难题，徐记海鲜在长期探索、不断实践的基础上，总结归纳了一套被业界誉为徐记海鲜的“餐饮成本目标管理体系”的优秀模式，被餐饮业界广泛称道。

徐记海鲜的“餐饮成本目标管理体系”，核心思想是对餐饮成本泄露点的精益管理，对餐饮全过程，损耗点和关键点的精益管理，尤其对餐饮变动成本率的变化和趋势进行精益管理。徐记海鲜“餐饮成本目标管理体系”的主要方法是根据一定时期预先建立的成本管理目标，由成本控制主体在其职权范围内，在生产耗费发生前和成本控制中，通过内部管理的精细定位，对各种影响成本的因素和条件采取了一系列预防和调节措施，全面提升餐饮企业的毛利率。徐记海鲜的成本管控点贯穿于整个业务流程，比如，各门店实时掌握每天、每桌、每菜的毛利。总部为每家门店制定了详细的年指标、月指标，通过企业对每个岗位操作人员下达指标信息，操作人员通过管理软件系统随时得知自己做得够不够、做得合不合理，随时掌握自己的任务完成情况。控

制损耗是徐记海鲜目标成本精益化管理的关键之一，餐饮业的损耗不可避免的，但如何最大限度降低损耗？为此，徐记海鲜将配送、加工、烧制等各环节损益归属到岗位的操作上。例如：配送环节上需要体现出配送实际报损，原料前加工处理需要报送实际出料率。通过对连锁餐饮每项关键成本泄漏点和成本变动点的精确划分和准确管理，徐记海鲜实现了餐饮经营全过程的成本控制。并且现在这一体系已被研发成为一套标准化的计算机精益化管理流程，通过体系化的信息化管理系统实现徐记海鲜的精益化成本管理。徐记海鲜通过连锁化的计算机信息管理系统，针对餐饮经营环节中的关键点、异动点和差异趋势进行全面监控分析，为企业创造了看得见的利益，帮助徐记海鲜建立可持续的盈利模式。在全球采购体系和精益化成本管理的双轮驱动下，徐记海鲜就可以顺势而为地推出大众化消费、亲民化价格，市场的占有率不断攀升。通过进货渠道、成本控制等环节的严格把关，使海鲜价格保持最低，最大限度让利于顾客，“将平价进行到底，让实惠深入人心”现在已成了徐记海鲜的经营特色，营造了符合行业发展趋势的大众化的“精品海鲜，平民享受”的餐饮品牌。

（六）自我革新转型升级，互联网时代——徐记海鲜领“先”的密码

在日趋激烈的餐饮市场中，徐记海鲜坚持了22年，专注海鲜餐饮市场，在这个细分市场中不断找寻自己的精准定位，以适应不断变化的消费需求。1999年，徐记海鲜从食材供应商转型为海鲜大排档，从当时海鲜餐饮市场的乱象中以诚信经营获得一席之地，首创“当面挑、当面称、当面宰”的消费模式，后来也成了海鲜餐饮企业的共识和消费规则。卖活海鲜、卖平价海鲜，徐记海鲜以产品口味、性价比为特色不断优化产品体系，扩大市场规模，成为海鲜市场的破局者，重塑区域市场生态，引领市场发展。2008年，徐记海鲜凭借在市场中积累的高品质口碑，进一步注重餐饮门店风格，以中高端市场为主要阵地，再次提升门店档次。2014年3月18日，中共中央办公厅、国务院办公厅印发了《关于厉行节约反对食品浪费的意见》，意见共八条，这是中央继2012年出台的控制公款消费的“国八条”后又一个与餐饮业相关的“国八条”，对餐饮业的影响更加直接。徐记海鲜凭借高品质低价位的平价海鲜特色，敏锐发现新市场、新需求、新机遇，2013年重新定位企业目标市场，专注商务宴请的中高端市场，在门店装修、风格设计、产品、服务等方面均对标这一定位，依靠产品和服务的出色表现顺利转型。2018年开始，徐记海鲜调整发展战略，快速扩张市场。同时徐记海鲜

开始门店风格转型，一店一风格，品牌再生再造，注重年轻化。2017年投资2000万元打造徐记海鲜银华店，2018年引进米其林餐厅环境设计理念打造4.0版徐记海鲜万象汇店。休息区、点餐区、堂食区、包厢区等空间的完美搭配，徐记海鲜从传统的欧式风格向新中式风格转变，更符合当地高端餐饮市场的需求，也更具活力。

近年，外卖成为越来越多年轻消费者的重要选择，但高端餐饮却较少涉及外卖市场。徐记海鲜再一次自我革命，大胆创新，专注于高端客户的外卖场景，发展线上渠道，成为区域内高端餐饮品牌中尝试外卖的先锋。2018年底，徐记海鲜搭建了传统渠道与电子商务相结合的营销平台，联合美团、饿了么打通线上销售平台，结合中高档酒楼的定位，在菜品、服务、质量甚至外卖包装的细节都精益求精，打造品质外卖。在外卖保障上，除了最大限度地保障菜品的口感，对于包装也迭代升级，选用更环保安全和可回收利用的铝箔餐盒，成本是市面上一次性餐盒的5倍左右。外卖也成为徐记海鲜触及年轻消费群体的重要渠道，推动了品牌全国化战略。2019年，徐记海鲜快速扩张，品牌影响力不断扩大，成为城市商业综合体的青睐品牌，徐记海鲜也开始探索进军商业综合体餐饮市场，第一家商超店华创店正式开业。迎合商场消费群体的需求，门店小而美，装修精致，与其他门店的商务风格不同，商场餐饮相对来说门店规模较小，但是华创店融入轻餐饮的环境特色，优化空间设计，简约精致，为客户在繁华的商圈中营造温润、静美用餐环境，一开业即受到消费者的欢迎。

2020年受疫情影响，加之互联网技术的成熟和广泛应用，也给餐饮行业带来新的发展机遇和挑战。疫情极大地发展了线上无接触式点餐，很多企业在此次疫情中，由于拥有完善的线上配送模式，在疫情期间保持了企业的盈利。因此在之后的企业发展中，是继承传统抑或是创新融入将会成为商家的一大重要选择。外卖是中国餐饮行业前所未有的结构性机会，渠道结构的改变加快了餐饮行业的发展、整合、升级。有些品牌此前对外卖的投入和重视不足，业绩下滑。通过精细化和系统化的打法运作外卖后，品牌势能借力外卖渠道进一步放大，出现了外卖和堂食同步增长的情况。外卖平台的快速发展，从根本上改变了中国餐饮市场格局，餐饮线上化、食品化成为不可逆转的趋势，也加速了头部品牌整合。外卖正在从野蛮生长进入精细化运营的阶段，从供应链、运营，到系统和数据都在进入更深化的社会分工。而专业的外卖代运营服务商，将是推动行业发展的有力加速器。

徐记海鲜为什么能在突如其来的疫情中，把握机会迎难而上，怎么就在疫情之前搭建好了餐饮销售的电子商务营销平台呢？其实早在2015年左右，在该不该做外卖的问题上，徐记海鲜内部争论了很久。原本，徐国华与四个合伙人和职业经理人一起，将徐记海鲜这艘大船稳稳地向前开着。随着“餐二代”们的长大和毕业，他们也回归到了这艘大船上，并带来了不一样的视角。徐国华的儿子徐丹是第一个回归的，之后堂弟们也陆续回归。经验丰富的“徐记人”们认为不能做外卖，会拉低餐厅中高端的定位；“餐二代”们认为必须做外卖，因为这是一个餐厅天经地义应该存在的模块。后来终于达成一致，做外卖，并由“餐二代”们带头组建外卖事业部。但在卖什么菜品的问题上又出现了分歧。堂食团队认为应该卖体现餐厅特色、展示大厨水准的菜品；外卖团队认为应该有用户思维，什么最受欢迎就卖什么。于是堂食和外卖两个团队内部形成赛马，各自开发产品，让市场来给结果。堂食团队极尽展示厨艺，把徐记海鲜压箱底多年的菜品技艺全部拿出来。外卖队以用户为导向，提取了整个长沙市的外卖数据，分析长沙销量前十名、区域销量前十名，用大数据指导生产，把卖得最好的拿到外卖菜品中。后来经过一段时间的数据反馈，堂食团队不得不服，销量前几的全是外卖团队开发的。外卖的开发逐渐交由专门的外卖团队来做。徐记海鲜最后还把外卖做得好的菜品拿到堂食来，对堂食的流量起了一定的贡献作用。“新一代的加入，不一定非要在一线待个几年，太了解餐饮，思维就会固化，很难发现问题，发现了问题也没有办法解决。反而站在其他行业、其他专业看餐饮，会发现餐饮的问题都是小问题，都是人的问题。”徐丹说。

徐记海鲜作为中式餐饮的典型，穿越了餐饮的蛮荒时代，走进了互联网与餐饮的融合时代，已经22岁的徐记海鲜，一直走在传统餐饮的前列。疫情前，徐记海鲜的餐饮主要以“堂食 + 外卖”为主。但疫情暴发后，餐饮堂食受到重创，这让很多徐记人意识到，传统餐饮模式抗风险能力相对较弱。疫情的冲击下，餐饮企业纷纷投入“新模式”的探索中，花更多精力打造成品、半成品标准化生产，上线“堂食 + 外卖 + 外带 + 零售”等多条销售渠道，开发“社区档口”“餐厅外摆”等多时段、多场景经营模式。

四、从徐记海鲜逆市扩张看后疫情时代长沙湘菜餐饮产业的转型升级

成功始于定位，找准位置，顺势而为是徐记海鲜逆势扩张成功的秘诀。随着生活水平的日益提高，大众从“追求吃饱”向“追求吃好”上逐渐转变，对海鲜的需求量急剧增长。人们的消费结构改变、消费水平提升，更加速了海鲜大品牌的成长。2021

年中国饭店协会发布的《海鲜餐饮行业市场调研报告》数据显示，城镇居民以猪牛羊肉等畜肉消费比重已从过去超60%降至50%以下，而水产品消费比重则从过去的23%提升至目前的30%左右。而《中国农业展望报告(2021—2030)》中预计，到2026年我国人均水产品消费量将达到23千克，占总消费量的比重将达到36%左右。爆发性的需求增长，迎来了海鲜市场的黄金期。徐记海鲜正是借着国家大发展的机遇，乘东风扩大自己的商业版图。尽管2020年餐饮市场因为疫情原因受到重创，徐记海鲜依然看好后市的发展。其实早些年，一直有一个问题困扰着徐国华，说起海鲜，都是青岛、上海、烟台、大连这样的沿海城市，湖南人怎么能做海鲜呢？长沙不是沿海城市，骨子里就没有海鲜基因，可以说，湖南人做海鲜，在人们的认知中不合常理。甚至也有顾客会问，你们到底是做湘菜的，还是做海鲜的啊？也正因此，早年的徐记在回答“我是谁”的问题上几度摇摆，叫过“湘派海鲜”，叫过“徐记湘菜”，还叫过“经典湘菜”，但始终没有真正落定下来。直到徐国华遇到了邓德隆[①]。2010年，徐国华跑去听邓德隆的讲课。邓德隆说，在“定位理论”中，最难的就是“认识你自己”，就是要先回答“我是谁？我向何处去？”徐国华问邓德隆，别人说我没资格做海鲜，总觉得我们是个外行。要不我改回去，做经典湘菜？或者做湘派海鲜？邓德隆说，湘菜这个领域竞争太激烈了，“湘派海鲜”恐怕更不可行，湖南“没看见过”海。邓德隆说，你的定位就是“海鲜酒楼”。在海鲜之外加一些湘菜开胃，是你的特色，也是一个完美组合。你和员工在海鲜的全球采购与开发方面，已经积累了十几年的独特知识，这就是你的核心竞争力——做海鲜正餐，谁也不是你的对手。徐国华豁然开朗。正是因为在邓德隆的帮助下，2011年的徐记海鲜就旗帜鲜明地定位为“海鲜”，而不是骑墙的“湘派海鲜”，才能把企业的资源内耗降到最低，将所有的资源和火力集中起来猛攻同一个城墙口。这里有一个很哲学的问题。徐记海鲜从“海鲜”起家，原本就叫“徐记海鲜”，但那时徐国华不认识自己。现在还是叫“徐记海鲜”，徐国华认识了自己，就这样从不自觉走向了自觉。

消费者需求的多元性，决定了商业结构的不稳定性。对于如今的餐饮市场而言，挑战与机遇并存。为了迅速占领全国市场，获得更多利润，很多餐饮企业放开加盟，并且不断涉足其他产业。然而，徐记海鲜始终稳步前行，坚持直营发展模式。在过去的十几年里，保持一年开一家门店的速度，着手解决菜品搭配、后厨流程、出品环节、

[①] 邓德隆，特劳特伙伴公司全球总裁，特劳特中国公司董事长。

内部管理等一系列问题，进行自我升级变革。徐记海鲜不做加盟，也不涉足其他品牌，一直专注于做中国领“鲜”的海鲜酒楼。2020 年，徐记海鲜突破 50 家门店。从“商务宴请,更多人到徐记海鲜”到“想吃好点,就来徐记海鲜”,徐记海鲜坚持新鲜的理念，以更高的性价比、更新鲜的海鲜，让更多人享受到健康美食带来的快乐。2018 年，徐记海鲜接待意大利前总统马西莫 · 达莱马；2019 年，徐记海鲜代表中国餐饮品牌参加大阪 G20 峰会美食晚宴。从 1999 年创立于长沙，到如今站上国际舞台，徐记海鲜勇于承担起中国餐饮品牌的责任,让中国味道成为连接世界的桥梁。经过了 22 年的磨砺，徐记海鲜与世界接轨，成了整个湖南餐饮的标杆。徐记海鲜之所以取得如此优秀的成绩，与董事长徐国华稳健的性格息息相关。在激烈的餐饮竞争中，他不被市场环境所左右，不盲目追求扩张的速度，始终专注于做中国领先的海鲜酒楼。因为在他看来，做任何事情，慢慢走，才会快。

餐饮行业已经步入精细管理时代，原来故事讲得好就能获得上千万元融资、赶上商场和外卖红利就能发一大笔财、只要噱头足就能开出几百家加盟店这样蛮夷的时代已经过去。各项成本的高居不下，让餐饮行业粗放管理的问题全面凸显了出来，不变革难以为继。如何优化餐饮传统产业链、如何管理运营体系从而控制成本、如何以精准高效管理迎接餐饮业的互联网时代，正是餐饮企业尤其是中高端餐饮企业转型突围的方向。徐记海鲜“精品海鲜，平民享受”成功模式的背后是其食材全球化采购模式和精益化成本管理体系的支撑，也是餐饮企业产业链精细化管理的充分体现。徐记海鲜通过全球采购体系建立了企业广泛的供应链和采购体系，大幅降低采购成本，找到真正健康绿色的食材，同时，在连锁餐饮宽泛的采购、仓储、加工、烹饪、售卖、出品等链条中，以有效的精益化成本管理实现了成本可控，保障了企业在有效可控的利润空间中稳步增长。双轮驱动保障了徐记海鲜品质化亲民价格、健康化安全品牌的建立，赢得了广众的市场，形成了自己独特的核心竞争力，为国内中高端餐饮成功突围树立了非常好的成功典范。

结合徐记海鲜的案例，展望餐饮市场的未来。2019 年，我国餐饮市场规模已突破 4.6 万亿元。受疫情影响，2020 年我国餐饮市场规模为 3.95 万亿元，略有下降，仍然有望在七年内赶超美国，成为全球最大的餐饮市场。虽然疫情给餐饮行业造成了一定程度上的波动，但当前我国餐饮行业的巨大潜力依然存在，并有望成为拉动消费增长的新引擎。在此背景下，能够有平衡质量与效率的餐饮企业将迎来窗口期。与此同时，我国餐饮企业的模式也在不断迭代，正在向“未来形态”进化。一些显而易见的现象正在发生，例如，线下的门店更注重效率与消费者的深度链接，连锁加盟成为重要的增长极，传统品牌正在向用户品牌转变。而对于大型的餐饮企业来说，上市、融资、并购等一系列行为正成为集团壮大与发展的常规操作。我们认为长沙湘菜餐饮企业应在绿色化、品牌化、数字化、人才培养等方面寻找新动能。

（一）倡导餐饮节约，在绿色发展中找需求

数据显示，2020 年 1 月至 7 月，受新冠肺炎疫情影响，我国餐饮收入为 1.8 万亿元，下降 29.6%。厉行节约、制止浪费是餐饮企业逆周期发展的必然要求。合理安排宴席流程和餐台数量，通过数字化管理实现合理采购，通过合理利用中央厨房减少原材料浪费，加强基地建设减少食材前端浪费，合理进行菜单设计，实时预约制及产品重量等相关信息披露减少消费浪费，采用节能环保设备降低能耗等都是餐饮企业认真落实“节约”理念、控制成本的重要抓手。

（二）提高从业人员素质，做好“六稳”工作落实“六保”任务

餐饮业是重要的民生行业，吸纳的就业人员多。餐饮业近年呈现对高素质技能型人才需求加大的趋势，餐饮业人力资源结构的调整，有利于发挥行业“稳就业”“保就业”功能。《2020 饭店餐饮行业人力资源现状报告》（以下简称《报告》）显示，餐饮企业普遍反映院校毕业生的实际操作能力与现实岗位需求还是存在一定差距，岗位技能培训是饭店餐饮企业培训员工的首要内容。餐饮行业是一个实践性很强的行业，行业中存在行业实践先于理论发展和教学的现象，因此如何将行业发展现实需要及时与院校人才培养相衔接成为做好行业人才培养的关键因素。调研中有 69.23% 的企业认为目前院校最需要做的是增加对于行业的熟悉程度，了解行业需求和信息；62.18% 的企业认为企业学校应该要加强职业指导，增强学生职业认同感；53.85% 的企业认为学校要强化学生实操能力；43.59% 的企业认为学校要强化高校教师的职业化培训。调整行业人才结构，为行业培养适应行业发展的高素质技能型人才将是驱动行业创新发展的重要动力，同时也是餐饮企业提高人均劳效、提质增效，破局发展的内在需要。

（三）餐饮稳中向好趋势不变，重建消费信心、适应新消费是关键

随着疫情阻击战的深入，疫情在全国范围内逐渐得到有效控制，在历经寒冰期、融冰期之后餐饮行业逐步稳步向好。调研显示，2020 年餐饮企业家对于外部环境的现状信心指数为 158.70(满分 200)，相较 2019 年有较大幅度回落，但仅略低于 2018 年现状信心指数，均高出 2016 年以及 2017 年的外部环境现状信心指数。2020 年餐饮企业家对于外部环境的未来信心指数为 161.06(满分 200)，均高出 2016 年以来的未来信心指数值。综合来看，2020 年餐饮企业家对于外部环境的信心指数仅略低于 2018 年水平，但是均高出 2016 年及 2017 年水平。餐饮企业对于未来信心程度最高的是支持餐饮发展的技术环境以及餐饮服务政策环境。

（四）品牌引领发展，品类深耕和精细化管理成为高质量转型重要方式

餐饮行业产业集中度较低，《报告》中，排列在各业态前列的共百家领军企业营业额合计不足 2000 亿元，占行业总量不足 5%，还有很大的成长空间。行业普遍存在产品附加值较低，客户黏度不高，生命周期短等问题。根据中国饭店协会的调研显示，调研中有 60% 的餐饮企业意识到品牌的重要性，并将品牌发展作为企业重要发展战略。品牌发展离不开品类深耕和精细化运营，有的企业通过提供高性价比产品和服务实现消费者引流，有的企业通过大数据分析不断调整产品与市场方案，有的企业通过完善细节、新技术应用以及场景打造提升客户体验，还有的企业通过制定标准化操作流程提升产品与服务质量。

（五）“互联网 +”、数字化智慧化发展成为行业发展新动能

一直以来餐饮行业属于传统行业，数字化程度普遍较低，然而新冠肺炎疫情之卜一些提前实现“互联网 +”、数字化布局的餐饮企业表现出了良好的抗风险能力和市场恢复能力。这一特点在外卖业态中尤其明显，疫情期间，外卖更是成了保民生、企业“活下去”的救命稻草。据《2019 年及 2020 年上半年中国外卖产业发展报告》数据显示，2019 年外卖产业规模已达到 6535.7 亿元，同比增长 39.3%，外卖产业持续大幅增长。在“互联网 +”领域，有的餐饮企业通过社区营销布局以及私域流量运营，锁定老客户，开拓外卖服务；有的餐饮企业通过新技术应用和新场景打造，实现自助服务、无接触

外带和配送，适应消费新需求；有的餐饮企业通过发展线上新零售业务，实现餐饮食品工业化发展探索疫情常态化下的餐饮破局之路。“互联网 +”与产业的融合发展以及数字化智慧化发展将成为行业发展新动能。

冰火楼：健康湘菜领跑者[①]

李玲[②] 汤优[③]

冰火楼全称为湖南冰火楼酒店管理有限公司，专注于为食客提供健康湘菜的连锁餐饮企业。冰火楼之冰，是冰火楼对做好餐饮市场的极度理性和沉着冷静；冰火楼之火，是冰火楼对追求健康湘菜的火热激情和不懈进取。冰与火的邂逅，化冰为火，让顾客感受湘菜的暖意，品味湘菜的健康。

冰火楼成立之初，董事长胡艳萍打破当时传统湘菜餐厅“辛辣多油、不够精致”的既定印象，率先提出“创意新湘菜”的概念。经过 23 年的积累与发展，冰火楼从寂寂无闻到誉满三湘四水，从单一社会酒家经营到拥有冰火楼中餐厅、湖南柏郡酒店、红馆汇港式茶餐厅、冰火楼小馆四个品牌多家直营门店餐饮品牌，从“创意新湘菜”升级为“健康湘菜”，从星城开到雁城，所获荣誉无数，一路走来，赢得了业界和消费者的一致好评，也成了湘菜产业中健康湘菜的领跑者。

一、始于理性，行于热情，二十余载弹奏“冰与火之歌”

1998 年 3 月，出生于湖南娄底的胡艳萍凭着自己对餐饮的执着与热爱，以及对市场的敏锐洞察力，不顾家人和朋友的反对及劝阻，毅然决然盘下解放东路华天大酒店斜对面的门面。200 平方米的店面，仅能放下 6 张小桌，但开业后品质上乘，门庭若市，食客日日排起长队。胡艳萍女士不满足于此，她开始了新的思考：除了扩张店面，满足更多消费者的需求外，更要谋求一条可持续发展之路。

2004 年秋天，冰火楼梦泽园店开业。经过反复的调查研究，胡艳萍率先提出了创意新湘菜的产品定位以及健康生活的经营主张，颠覆了餐饮行业中人们对传统湘菜油多、辣多、不精致的看法。创意新湘菜将产品定位为：时尚年轻，口感醇和，精致精美的精品湘菜。开启创意新湘菜，为后期发展的健康湘菜奠定了基础，也为冰火楼在

---

① 由李玲、汤优等根据相关资料整理。

② 李玲（1978.12- ），女，江西萍乡人，长沙商贸旅游职业技术学院讲师，主要从事餐饮战略管理教学与研究。

③ 汤优（1982.6- ），女，湖南岳阳人，湖南冰火楼酒店管理公司品牌总监，主要从事餐饮品牌战略管理。

湖南餐饮行业中的领跑地位奠定了基石。

2005年春季，胡艳萍把餐饮行业“将健康吃出来”的理念，演绎得淋漓尽致。冰火楼不仅严格把关食材、严格落实食品安全、食品卫生，更多地关注菜品的营养和健康。冰火楼任何一家店面，均不可使用味精、色素等食品添加剂，坚持零味精、零色素、零禁用添加剂。这一举措，又使得冰火楼再一次领跑行业。自此以后，冰火楼将健康理念充分融入每一道美食。

2010年10月，胡艳萍的酒店梦得以实现——柏郡酒店诞生了。柏郡酒店总营业面积达13000平方米，集餐饮、客房、多功能宴会厅、保健足浴中心于一体，这也标志着冰火楼已经从单一的社会餐饮品牌向品牌酒店转型升级。胡艳萍一直坚守自己“勤劳务实，诚信经营”的经营指导原则，带领全体员工共同努力，克服了交通不便，没有星级等种种困难，成功将柏郡酒店推向市场。或许是女性对市场独有的智慧和敏感，柏郡酒店开创至今，依托五星级酒店标准的硬件，加上湖南人无微不至地热情服务，已经成了长沙南城一颗璀璨的明星，携程好评不断，客户表扬信不断，感谢信不断。

2012年12月，冰火楼圆梦大河西，市府店开业。从此，冰火楼立足于长沙的东西南北，也象征着冰火楼笑迎八方来客，结朋五湖四海。胡艳萍一直希望冰火楼立足于湖南，再通过自己的不断努力将其推向全国，推向全世界，将湖南本土的、民族的、健康的餐饮带给全国、全世界的人民，让世界了解中国美食，了解湖南湘菜，了解健康湘菜。

2013年6月，冰火楼开启子品牌多元化发展。胡艳萍创建的以经营港式简餐为主的全新品牌——“红馆汇港式茶餐厅”梦泽园店开业。这成了冰火楼旗下的第一个延伸品牌。红馆汇港式茶餐厅秉承“以人为本，乐在其中”的经营理念，精心打造轻松快乐的生活方式和一站式体验服务，希冀成为冰火楼旗下活力品牌。红馆汇港式茶餐厅的厨师选择聘请广州本土厨师，希望食客在长沙也能品尝到正宗的港式美食。此后，第二家分店“浏阳河店”也于2014年9月成功开业。2016年7月，红馆汇港式茶餐厅第三家分店“运达中央广场店”优雅启幕。

几乎同时，2016年冰火楼旗下“小而美、美而精”轻奢品牌“冰火楼小馆”也在运达中央广场优雅绽放。冰火楼小馆，是把食物与二十四节气融合在一起的中国新湘菜，这也是继坚持20年“零味精”外的另一大标杆，是冰火楼发展的新方向、新支点。2016年9月，冰火楼小馆“浏阳河店”华美启航。2018年5月，伴随长沙新坐标——

IFS（国际金融中心）开业，冰火楼小馆也成功入驻 IFS 七楼空中雕塑花园，以“美学”作为其经营的核心理念，打造星级湘菜之“湘菜美学料理”。

2021 年 1 月，冰火楼落子雁城，开启了向湖南其他地市扩张的第一步——冰火楼衡阳高新店开始试营业。此次冰火楼在衡阳开出首店，其营养健康不添加味精的烹饪手法，也开启了当地“健康湘菜新时代”，而精致的出品，更为衡阳消费者的宴请锦上添花。

回首二十余年，冰火楼带着与生俱来对餐饮市场冰一样澄澈的理性，本着火一样炽热的激情，与时俱进，持续探索前行，弹奏出了一曲旋律优美的“冰与火之歌”。

二、不忘初心，坚守品质，三个维度打造健康湘菜

冰火楼从坚持“好食材做好食物”到全力打造“健康湘菜”，一路走了 23 年，也积累了 23 年，始终保持初心，心怀对食客的感恩，坚持健康是餐饮的根本，一心一意把健康湘菜做到极致。冰火楼董事长胡艳萍对“健康湘菜”诠释：“健康湘菜，健康是基本，同时，要在传承与创新中，守住湘菜的魂，好吃与健康，缺一不可。”冰火楼亦从“源头正宗”“新鲜供应”“健康烹饪”三个维度，以食材的天然优质、源头正宗，运营的当日新鲜供应、鲜货零隔夜，烹饪方式上少油、少盐、少辣、不添味精，建立食材基地、履行主体职责，坚持行业自律，开创出“健康湘菜”的新时代，做健康餐饮的引领者。

维度之一：源头正宗

何谓健康湘菜？首先就是要保证好的食材，而好食材必须保证源头正宗，产地直供。比如，双峰的豆腐、樟树港的辣椒、青树坪的淮山、安化的腊肉、汝城的竹笋、富平的柿饼、潍坊的青萝卜、胶州的芽白、兰州的冰百合、阳澄湖的大闸蟹、盐池的滩羊、青海的牦牛鞭等，全国最优质最地道的食材都被冰火楼一一搬到了餐桌上。截至 2021 年 5 月，冰火楼食材原产地直供基地多达 30 余个。

23 年来，冰火楼寻觅食材的足迹遍布全国各地。近在湖南娄底，远至西藏、宁夏、甘肃，只要了解到哪里有好的食材，胡艳萍就会带领团队，立即奔赴该食材原产地进行考察，不仅亲自对食材进行精挑严选，更从食材的种植、生长环境、采摘、加工、运输各个环节进行把控，从源头上保证食材的安全。

为寻找最好的淮山，胡艳萍多次驱车前往湘中百年古镇娄底双峰青树坪考察。这

里地处亚热带季风气候，富有罕见红松土，年无霜期280天，得天独厚的生长环境，成就了青树坪淮山这一特产，不仅“软、粘、糯、粉”，而且拥有丰富的营养价值。与当地种植户签订长期采购协议后，新鲜挖出的淮山从青树坪发车到冰火楼仅2个小时，从田间到餐桌用最短的时间变成美味佳肴。

为了寻找天然无污染的牦牛鞭，胡艳萍亲自带领采购团队、大厨顶着强烈的高原反应前往海拔5000多米的雪域高原近一个月，他们跋山涉水追寻着以食野生百草的牦牛足迹，天未亮就前往屠宰场，从源头上反复察看牦牛鞭自然风干的流程，确认满意后，方与当地养殖基地签订直供协议，从雪域高原到湖南餐桌，单线直采。

维度之二：新鲜供应

对食材始终保持热情和敬意，是二十余年以来冰火楼团队不变的核心理念。除了在找寻食材上花费大量功夫，冰火楼还要求所有的鲜货新鲜供应、零库存。新鲜的食材，不仅含有大自然的清新味道，其内部的营养成分处于鼎盛时期，一旦过期，不仅口感变差，营养流失，还会产生不利于健康的物质。食物的品质是餐饮企业的生命，更何况冰火楼不是一家普通的餐饮企业。从成立之初，冰火楼对于食材的做法就是，鸡鸭当天宰，豆腐当天磨，菜品当天做。

为了保证食材品质，冰火楼在管理上也下了很多功夫。一方面，餐厅建立有专门的信息数据库，会将每天原料的使用情况、客流信息、营业额等数据输入电子系统，通过对数据库中大数据分析，测算出第二天需要的原料种类和数量，并通过电子系统向供应商下单，以“以销定产”的方式合理管理库存，保证原料新鲜，从而降低食品安全风险。另一方面，冰火楼规定每天21:00之后，后厨将当日未出售完的鲜货及时处理掉，隔夜的坚决不用，不惜成本，也要保证顾客吃到的是鲜货。

同时，要保证食材新鲜还要与时间赛跑。比如冰火楼屡获大奖的招牌健康菜品“冰火原汁鸡”，不仅货源上要选择谷物饲养期必须不少于130天、口感不嫩不柴的整鸡，还必须在当日凌晨两三点进行宰杀、清理干净，然后争分夺秒、马不停蹄地送往冰火楼各大门店进行烹制，以保证鸡肉的口味鲜美和营养健康。又如冰火楼的健康湘菜“松茸焗饭”，所用的松茸也是空运到店，确保每一口尝出来的都是鲜。就是这样日复一日地坚持和时间赛跑，为冰火楼赢得了“健康湘菜，长沙宴请名片”的美誉。

维度之三：健康烹饪

要打造“健康湘菜”，在烹饪做法上也必须要健康。传统湘菜烹饪手法优点明显，做出的菜味道浓郁，但缺点也很突出，重油重辣除了对胃有强烈地刺激，多余的脂肪也容易累积而造成肥胖、高血压等疾病。而冰火楼针对这些缺点，改变了传统湘菜的做法。冰火楼在保留食材的原汁原味和营养物质的基础上，去繁存简、精益求精。烹饪的过程中少油、少盐、少辣，并且不添加味精，倡导科学烹饪，健康营养的理念，为顾客提供营养健康的菜品。

“保留食物本味，少油少盐无味精”，简简单单的十三个字，却开创一片新天地。还是以“冰火原汁鸡”为例，每只鸡在烹饪前均享受冰火楼大厨“秘方推背按摩”5 分钟，秘制的配方既能恰到好处地提升鸡肉的香味，又能彰显掩盖鸡肉本身的鲜味，而师傅独具技巧的“按摩”手法，更使鸡肉中的脂肪适度沉积，实现肉质与口感的最佳状态。再经过四个小时的无水干蒸，保证整只鸡的味、形与营养，最终达成“阴阳调剂，以水渗热”的效果；以蒸汽凝结的蒸馏水形成汤汁，最大限度地保留了鸡肉的原汁原味，美容养颜，清润滋补，低脂更健康，将鸡肉的鲜味提到了顶点，完全不同于调味料堆砌出来的味道，每一口都饱含着鸡肉本身浓郁的鲜香。

此外，冰火楼还采用国内知名品牌的非转基因食用油烹饪，对菜品的装饰部分做出了可以食用的严格要求，并且不允许添加色素，从而更全面地保障菜品的安全，让消费者吃得更加健康、放心。

三、匠心传新，逐梦未来，从心出发

湘菜非遗传承人、湘菜掌门人许菊云曾经这样评价胡艳萍：“20 多年，她无怨无悔把自己奉献给了湘菜事业。靠着人格魅力，凭着对湘菜的热爱，让冰火楼成为行业的标杆。”二十三年，冰火楼从小店铺到大企业再到品牌公司，从“创意新湘菜”到“中国新湘菜”，再到“健康湘菜”，一直都在路上，一直都在探寻与发展。“不为繁华易匠心”，这是冰火楼自成立之初就立下的规矩。二十余年磨一剑，不舍匠心，坚持将好食材这件“简单的事”做到极致，坚持视“良心与道德”为己任，坚持一心一意做好菜，用传承和匠心重新定义了湘菜餐饮品牌的崛起。

随着人民生活水平的提高，大众对于饮食也提出了新的要求，尤其在经历了疫情影响之后，对于健康的重视程度也随之上升。中国烹饪协会监事长冯恩援也表示，餐饮行业在管理上要强化食品安全共治，菜品研发上要着重天然健康营养，烹饪技法要去繁求简。因此，二十三年，既是冰火楼的一个转折点，也是一个新的起点。冰火楼将锐意不减，英姿勃发，再战湖湘美食江湖，始终秉承“爱与坚持”的企业文化，以一颗执着的匠人之心继续将餐饮做到极致，用创新和文化重新诠释健康湘菜品牌的精神和内涵，始终保持谦逊严谨的市场态度，匠心传新，逐梦未来。

新长福：汉膳大师，餐饮文化的新标杆[①]

王旖[②]

湖南新长福实业有限公司，是一家集中央采购、营运培训、市场营销、产品研发等于一体的大型现代化餐饮管理公司。新长福从长沙最早的海鲜酒楼，成长为在长沙等地拥有数家连锁店的大型餐饮企业。新长福在行业内拥有很好的声誉和影响力，曾获得过“中国驰名商标”“全国餐饮百强企业”“食品安全管理先进单位”等荣誉。二十二年以来，新长福一直以“追求卓越，臻于至善”为企业追求，尊重营养膳食之道，沉淀优质服务品牌，恪守诚信经营理念，发展不疾不徐，每步都走得分外坚实。

一、企业的发展历程

1999 年，新长福成立，原名长福酒楼。

2003 年，新长福国贸店落成，“新长福”品牌至此诞生。

2005 年，新时空店落成，通过积累经验，壮大实力，赢得市场良好口碑与信赖。

2006 年，新长福北京潇湘店在中关村起步，立志将让更多人知晓潇湘美食。

2008 年至 2015 年，世嘉店、中国城店、华美达店、中欣店相继开业。

2016 年，落子大河西的诚兴园店开业，新长福总部落成。

2017 年至 2019 年，星沙店、豪生店相继启幕，一贯延续高品质的出品，高标准的服务。

2020 年，提出“汉膳大师”理念，新店南拓北展，在北京、上海、深圳开始布局。

二、企业文化和品牌定位

新长福把“汉膳大师”作为企业信仰，把“为顾客创造更好的美食”作为企业使命，把“成为有温度、有情怀、有文化的中国湘菜标杆企业”作为公司愿景，将企业的优秀文化不断传承和发扬。

---

① 由王旖根据相关资料整理。

② 王旖（1988.2- ），女，湖南长沙人，长沙商贸旅游职业技术学院讲师，主要从事餐饮管理相关研究。

新长福公司成立22年来，在长沙现共有8家门店，营业面积达28000多平方米，拥有200多个豪华包厢，目前在职员工1300多人。企业走的是精致高端路线，环境优雅、出品精致，无论你走入哪一个新长福门店，从餐厅环境、服务乃至每个菜品里的细节，都能让人体会到一种低调、静雅而温暖的氛围，其企业标识也是金色的福字，在一个四瓣花的中心，这就是新长福希望传达给顾客的“福”文化。新长福的厨师队伍人员稳定、技艺精湛，近些年创新上千款菜式，其中辣椒炒海参、藏草炖松茸菌、养生原盅活海参、松茸菌肉包等诸多菜式更是多次获得“湖南名菜”等荣誉称号。新长福也成为家喻户晓的餐饮名企。从2020年开始，新长福坚持以“汉膳大师”为标准的极致文化，严格管理、美化环境、标准服务、创新产品，秉承匠人初心，发扬创新精神，遵循大师规则，奋力将新长福建设成为有温度、有情怀、有文化的中国湘菜餐饮标杆企业。

三、企业的价值观和实践

新长福的价值观是诚信、责任、创新、感恩。

诚信——是公司的发展之本。新长福坚守对客户的承诺，不辜负客户对企业的信任；诚信于社会，自觉履行社会责任，保障产品品质，做行业标杆企业。在员工管理方面，要求员工讲诚信，坦诚不欺骗，诚实不违规，言而有信，言出必行。新长福获得了“中国驰名商标”“全国餐饮百强企业”“ 湖南省农业产业化龙头企业”“ISO质量、食品安全国际认证企业”等多项荣誉。

责任——不推诿、有担当，员工个个主动履行职责，形成整体合力，为企业发展尽心尽力、同甘共苦、荣辱与共。新长福有自己的培训学校，从员工入职开始，新长福就注重对员工的培训，不仅是技能，也包括员工的综合素质，对企业的责任感，对社会的责任感。每一个职位所规定的工作任务就是一份责任，有了责任感，员工会自发尽心尽力、尽职尽责，以满腔热情和高度负责的精神把自己的工作做好。

创新——深研中华美食传统文化，融汇各大菜系经典美食，不断开拓创新，更新管理机制，为客户创造更多价值。新长福在保留传统十大招牌菜上，以“营养膳食均衡、健康养生美味”的理念为基础，不断追求品牌的创新和突破，进行湘菜的创新，无论是从摆盘、食材，还是口味都有很大的变化，改变了过去湘菜单一的厚咸、厚辣的味觉体验。如新长福名菜“辣椒炒海参”就是“湘派海鲜”的代表之一，精选大连有机活海参，辛香脆辣的湖湘辣椒，以及被誉为“湖南三宝”的宁乡花猪肉，以湘菜经典的手法，烹饪湖湘风味，创新融合。

感恩——心怀感恩之心，感恩客户的支持和信任，将优质的产品和服务回馈于顾客。感恩员工的付出与努力，重视员工发展，给予员工关怀及物质激励。感恩公司提供发展平台。员工之间相互感恩，爱心互助，对同事的帮助心存感激。

四、“汉膳大师”的理念

（一）“汉膳大师”的提出

“汉膳大师”是新长福在2020年提出的，并于当年10月24日在星城长沙新长福世嘉店华丽进行了首届汉膳大师宴。汉膳大师，汉代表了中国，源远流长的汉文化；膳则代表美食，中国的饮食文化，而大师就是标准，包括服务、出品、环境和综合等，对其进行规划范和标准化，也是与新长福“为顾客创造更好的美食”这一梦想一脉相承。新长福经历了22年的风风雨雨，在市场上有了自己的影响力和品牌，在进一步的发展路径上，新长福选择了做企业文化，这也与现在很多餐饮企业的理念不谋而合。企业不进则退，在打造自己核心竞争力的道路上，建立汉膳大师标准体系，就是企业核心竞争力所在。

（二）“汉膳大师”的呈现

新长福2020年“汉膳大师”宴，邀请了来自长沙餐饮界、文化界、艺术界、学术界、考古界的多名美食专家，共聚一堂，采用视、听、品相结合的方式，演绎人类从钟鸣鼎食到现代用餐的文明进程，中国文化和药食同源的神秘关联，湘菜与中国美食考古溯源，通过菜肴和器具的精心搭配，完美展现了湘菜的文化底蕴。

本次宴席精选了多款美食来款待宾客。如“四碟凉菜”由拉鱼子酱甜豆、烧椒海螺片、桂花糯米藕、妈妈萝卜条，所选用的食材，分别关联着“春夏秋冬”，暗合“四季吉祥”之意。餐前汤呈现的是汤泡菊花蚌，以松茸蕴含其珍贵，以象拔蚌彰显其富贵，以菊花昭示其精神。主菜一共有六道，蕴含“六六大顺”之意，也符合孔子在《礼记》中所说的“五味六合”。如堂煎M9和牛，是中式烹饪技巧和世界顶级食材的绝妙融合；酸辣鳖花胶，经典的湘菜味型唤醒味蕾的记忆；白松露年份剁椒帝王蟹，湖湘传统食材与远东海鲜的激情碰撞，昭示着湖湘文化，海纳百川；辣椒炒海参，新长福畅销12年的“湘派海鲜”代表作；紫苏烩洞庭鱼头，代表来自鱼米之乡的馈赠；蟹粉扒豆苞，以阳澄湖大闸蟹的蟹膏和豆苗作为原料，诠释“不时不食”的养生哲学。宴席最后，以特色松茸肉包和燕窝作为整场宴会的完美收官之作，给人意境幽深、回味悠长的感受。

（三）“汉膳大师”的核心——极致文化

新长福以“大师”作为标准，意味着一切向大师看齐，而大师的标准就是最高标准。因此，企业无论在经营管理、产品出品、服务礼仪、人才培养与引进、品牌推广的调性上都是朝着最高标准努力。这样的努力所带来的效应就是“极致文化”。极致文化包含以下两个方面，一个是承味传礼，另一个是至真、至善、至美、至强的理念。

1. 承味传礼的理念

承味传礼指的是传承并创新中国餐饮烹调技法、餐饮文化和餐饮礼仪，新长福主要从以下几个方面来呈现：

味：指中国餐饮烹调技法和餐饮文化，这里又有三层含义“本味、百味、韵味”。本味指的是指食材，甄选优质食材，还原食材本质，包括中国地标食材和世界各国的优质食材。百味指的是“一菜一型，百菜百味”。现在的菜品都需要融合创新，传承发展，传承不守旧，创新不忘本。韵味指的是健康、情趣与文化的体验。新长福提供给顾客的，不仅仅是对“味道”的极致追求，还注重顾客用餐时身心的体验，以文化指导餐饮，重新赋予菜品生命，给顾客极致的体验，让顾客忠于品牌。

礼：指中国哲学思维方式和社会交往特别是延续到餐饮的礼仪规则。“礼”在中华传统文化中占据至关重要的地位，是中国传统文化中的哲学思想、教育思想、政治思想、美学思想的体现。新长福结合自身的特色打造“福礼”，这套自身的礼仪服务体系，不仅仅是指服务，还包括品牌、企业特质到饮食文化的个性塑造。

关于“承味传礼”，前者指中国餐饮烹调技法和餐饮文化。“传礼”中的礼指中国哲学思维方式和社会交往，特别是延续到餐饮的礼仪规则。传礼不仅仅是指服务，还包括品牌及企业特质个性的塑造。孔子在《论语》中说，克己复礼曰仁。克己复礼就是用儒家伦理道德克制自己，恢复礼制。这里的传礼，就是在礼仪的传承中，重新构建属于自身文化系统，以及在文化体系指导下的礼仪服务体系。

2. 至真、至善、至美、至强的理念

（1）至真：认真、本真、诚真

认真：事无巨细，细节制胜。做到合理下单，日清日结，食品安全。

本真：匠人初心，严选食材，匠心烹饪，注重品质。

诚真：在产品、服务等方面，追求卓越，真诚以待。

新长福对烹饪工艺的讲究，可谓达到了一丝不苟的境地。从食材的选择，到烹调的流程，到服务的呈现费尽心思。在烹饪、服务、餐饮文化上，有大师顾问团；在后继力量的培养上，有自己的培训基地；在工作流程上，有严格的考核体系。比如为了找到味道最好的海参，新长福的管理者带领团队从南向北，从南端的海南岛到北方的獐子岛，千里寻菜只为寻找到最好的食材。为了研发出一款最适合消费者的菜品上，在一道菜品上，不惜成本，反复打样。真正达到“长福出品，道道精品”。这也是践行孔子的“食不厌精，脍不厌细”的文化理念。

（2）至善：善心、善举、善德、善学

善心：用真情感动客户，把服务做到客人心坎上；用温情对待员工，把员工当家人，让员工感受到亲情。

善举：菜品有温度，上菜有速度，品质有高度。

善德：尊师重教，爱岗敬业。

善学：勤奋专注，取长补短，锲而不舍，知行合一。

（3）至美：型美、器美、味美、完美

型美：在菜品形态的表现上追求艺术美感，每道菜精雕细琢，出品精致大气，形象逼真，兼具气势，彰显湖湘气派。

器美：美食配美器，用精美雅致的器具盛装美食，每一道菜都是一件高贵的艺术品。

味美：以湘菜为根基，融合多菜系，创新发展，形成风味独特的精致菜品，让客人吃了还想吃。

完美：每道菜都有文化背景、有一个历史故事、典故、趣事，味道与文化融合，做到饮食活动形式与内容的完美统一。

中国的饮食文化，讲究色、香、味、型、器。比如美食的器皿之美，就是餐饮美学的重要组成部分。李白诗云："金樽美酒斗十千，玉盘珍馐直万钱。"美酒要配"金樽"，珍馐美味要用"玉盘"来装饰，才能价值万千。杜甫在描写到唐代宫廷餐桌上的奢侈华美时，也有诗云："紫驼之峰出翠釜，水精之盘行素鳞。"清蒸鱼用晶莹透明的水晶盘子装盛好，呈现在世人面前，这才是珠联璧合，满桌生辉。新长福注重餐具与美食的呼应，很多餐具都是从景德镇专门购置，力争做到器皿和美食的统一和谐之美。

（4）至强：自强不息

强将手下无弱兵，将更高、更快、更强的奥运精神落实到企业强大之上，以至真、至善、至美、至强作为企业的行为理念，自强不息，让企业变得更强大，员工生活更加富足。新长福努力将自身餐饮成为一座城市的风景与味蕾的记忆。从它的装潢风格，服务礼仪，还是出品的传承与创新，都在致敬中国文化，让"承味传礼"落实到每一个细节之中。汉膳大师，不是特定的指某个人，是一个集各种要素为一身的整体，是新长福待客的最高礼仪表达。

汉膳大师在新长福还有一个更深层次的意义。一个好的企业不仅要创造好的利润，来回报员工、回报董事会及投资人、回报社会，也要有自己的精神特质，这个精神气质、精神文明，在新长福就是汉膳大师。新长福把汉膳大师作为企业最终的追求、信仰和目标，这一套理念贯穿下去，经过长期不断的努力，形成新长福独有的精神内涵，努力做到区别与其他企业的特质。

五、新长福的管理之道

（一）以"诚实守信"为经营之本，积极承担社会责任

"欲建立企业，先建立信誉；欲做大企业，先做好信誉；欲做强企业，先做牢信誉。诚实守信一向被中华民族视为立人之本、立政之本、进德修业之本。"这是新长福董事长龙伟里一直重复的话语，在他的指导下，新长福严格遵守各项标准，多年来摸索建立了"新长福专业标准"。在后台出品上，严格规范SOP（标准操作程序），按照餐饮"6T"实物管理制度来进行日常操作管理，做到天天处理、天天整合、天天清扫、天天规范、天天检查、天天改进；前台的服务在不断的专业培训与实践中提高其服务认知度，由公司自己的培训师和外聘专家对服务员进行专业的培训，以SOP规范每个服务细节，力求做到服务的最高标准。

新长福不仅重视发展的速度，更加重视发展的质量；不仅重视速度与经济效益的关系，而且重视经济效益与社会效益的关系。新长福一直坚持经济效益是企业生存和发展的基础，而社会效益往往是企业的长远利益和更大的利益所在。在2020年疫情的寒冬里，新长福也没有停下前进的脚步，在门店没有全部开放的情况下，为居家顾客做安心外卖，公益送餐支持湖南医疗队，充分发挥餐饮人的担当和责任感。

（二）以“员工成长”为目标，优化企业人力资源管理

餐饮企业想要走得长远，企业人力资源管理是重要的一环。新长福的人才理念主要为三点：尊重人、信任人、成就人，新长福主要从四个方面来贯彻：一是注重员工生活，为员工创造优良的生活环境。公司为员工提供三餐和住宿，新长福做到一日一检查，一月一汇报，帮助员工形成良好的卫生习惯，及时改进宿舍和饮食条件，让员工住得舒心，吃得开心。二是重视员工工作感受，适时举办团建活动，加强员工联系，创造良好的工作氛围。三是重视员工激励，新长福设置了“营销新人奖”“四色卡标兵”“亲情化标兵”“伯乐之星”等奖项，对不同类别和层级员工进行奖励，采用物质奖励和精神奖励双管齐下，帮员工树立先进榜样。在薪酬福利方面，加大薪酬对于员工的激励作用，构建“月度绩效奖金 + 年度绩效奖金 + 门店入股分红”的绩效工资结构。四是关注员工成长，帮助员工制定职业发展规划，确立职业目标，进行职业指引，在人才培养模式上，积极建立“汉膳大师”人才库、保持人才晋升道的畅通。面对餐饮人员流动大，管理难度大的问题，针对不同的岗位，为员工明确了职业发展方向。对于服务员的岗位，加快服务师的培养，以传帮带的方法，培养具备娴熟服务技能的服务人员。缩短管理人员晋升时间，让员工快速成长，通过培养一到三年可晋升为中层干部，打造可带团队的管理人才梯队。对于后厨，对厨师进行技能培训与考核：定期对总厨、厨师长进行考核，给总厨下达责任状，在规定时间段内，总厨必须培养新人，以这种帮传的形势培养和留住优秀员工。

（三）以“德才兼备”为用人之道，实现企业与员工共同成长

“公开招考，品学兼优。以人为本，唯才是举。大浪淘沙，能者为贤”，这是新长福选择人才的标准。新长福一直坚持招聘引进认同企业价值观的人才进行培养，成为公司合格的管理人才。希望员工能保持传统品德，吃苦耐劳、勤奋踏实，不好高骛远。

新进员工不管是就职哪个岗位，都要接受新员工入职培训；对于在职员工，定期开展在岗培训和专项培训，提升员工综合素质。

2018年，公司斥资六百万元建成了专业的培训基地——新长福餐饮培训学校，为新长福门店前厅和后厨培养专业人才和优秀管理者。厨师、服务师、职业经理都将在这里得到学习提升。学校现已具规模，拥有教学办公区、多媒体教学、阅览室、烹饪实训室、原材料仓库、宴会大礼堂、学员宿舍、员工餐厅、运动操场等配套设施。学校师资力量强大，拥有多名国家级湘菜大师、雕刻大师、中国服务大师、国宴专家来承担专职教师。公司总监、资深总厨、资深店长、优秀管理者和优秀员工也均为学校的兼职教师。学校每期可培养百余名学生，在经过严谨的学习、严格的考试考核后，将合理分配或返岗到新长福各个门店，成为公司重点培养的骨干人才。

六、企业的未来规划

近期新长福将南拓北展新的店面，重点在北京、上海、深圳、南京、海口等城市开店，同时根据时代发展，将现有店面升级迭代，将新零售全面推进。中期目标是将企业打造为湘菜标杆企业，引领湘菜产业发展。长期目标是成为中国餐饮企业的十强之一。公司以“汉膳大师”文化为第一战略目标，从中国餐饮文化着手，为企业注入新的灵魂，对企业升级换代，通过产品、服务融合创新，打造出湘菜的标杆品牌。同时不断扩大品牌的影响力，把文化餐饮作为企业自身的核心竞争力，力争成为有文化内涵、有情感温度，受人尊敬、独树一帜的餐饮企业。

炊烟：走进联合国的湘菜代表①

陈杰②

长沙炊烟餐饮管理有限公司作为本地著名的湘菜老品牌至今已走过22年，现有门店22家，在职员工近1200人，拥有完整的产业链和现代信息化管理系统。22年来企业始终坚持品质如一，坚信品质铸就品牌。他们执着的追求也得到了顾客和社会各级部门的关注认可，曾荣获食品安全管理十佳连锁餐饮公司，被湖南省工商管理局认定为“湖南省著名商标”，连续三年荣获大众点评必吃榜餐厅。

一、“山重水复疑无路，柳暗花明又一村”——扎根群众，打造大众餐饮

20世纪80年代，改革开放的春风给年轻人带来了视野的开拓和思想的转变。1989年湖南农业大学林业系的戴宗刚一毕业就能顺利进入国企工作，捧着人人艳羡的“铁饭碗”。但在戴宗看来，按部就班升职退休，做到体制内的高级干部，并不是自己想过的生活。打小就特别喜欢美食的戴宗，出生餐饮世家，从小便跟在乡下酒席的承包者——爷爷身后，吃着父亲经营的国企食堂，是个地地道道的吃货。在餐饮世家的耳濡目染下，戴宗对地道湘菜的口味有着近乎偏执的讲究。下海经商，进军餐饮市场，做餐饮界的湘军这个念想与日俱增。

（一）投身商海，进军政务酒楼

1998年12月，时隔十年，戴宗在老家湘江支流蒸水边衡阳南华大学旁边开了一家很小的店面，主营湖南土菜，取名花明楼酒家，做起了政宴接待的生意。作为个体户餐饮，小本经营，店面不大，却经营得有声有色，颇受当地人欢迎。在当时国内餐饮业刚刚起步，供小于求的背景下，有同乡人的帮衬，加上家里的关系支持，熟门熟路。对于不是烹饪技术出生“不会做只会吃”的戴宗来讲，经营收入颇丰，经商日子也过得有声有色。

① 由陈杰根据相关资料整理。

② 陈杰（1993.03- ），男，广东揭阳人，长沙商贸旅游职业技术学院助教，主要从事餐饮管理相关研究。

然而在家乡做酒楼，政务等宴请一多，不少时候，自己就得作陪喝酒。酒桌上迎来送往，久而久之，肠胃受不了，身体就受了伤。这样的日子又过去了6年，通过多年的餐饮经营，戴宗渐渐对自己的经营理念有了更清晰的理解。深思熟虑一番后，他决定不依托政务宴请，下定决心做大众餐饮。酒香不怕巷子深，抓住最普通老百姓的心思，给予老百姓以实惠的价格和优质的产品。

（二）回归大众，专注地道湘菜

2004年，戴宗开始进驻长沙，做起了家常菜，首家店就开在长沙市郊芙蓉北路新港镇，取其姓氏戴，名为“戴家村”私房菜。带着沩山鱼、农家花菜等十大品牌特色土家菜，凭借着实惠的价格和独到的口味，一开业就征服了当地人的味蕾，生意十分火爆，一度风靡长沙。这家店可以说是“初代”湘菜的排队王，一到饭点，停在店附近的汽车排成长龙，高峰期还需交警引导指挥。如此火爆的场面很快被媒体捕捉到，2006年，“戴家村”被《长沙晚报》《潇湘晨报》等多家地方权威媒体报道。

站在店门口，看着这长长的排队场景，戴宗敏锐地察觉到了巨大的餐饮市场，如何把自家的店做大？可他恼于始终找不到一个能帮自己做味型决策、菜品搭配、菜品结构、食材保管的厨师。那就自己亲力亲为，亲自参加产品研发，通盘考虑人群定位、菜品搭配、味型感知、价格定位、成本控制等。在戴宗看来，他可以不会掌大勺，但必须要能看到市场、消费者的变化，自上而下地把控菜品品质。他作为餐厅经理，逐渐将“戴家村”私房菜推向规模化发展道路，还成立了戴家村餐饮连锁公司，主营口味湘菜。以原汁原味的乡土菜式，提出了标准化管理：首先从原材料的挑选上把关，要求原材料一定是最新鲜的，过夜的原材料坚决不卖；其次在制作加工中，每次投料都用电子秤，把调味品用量精确到分克，用计时器、温度计监测火候。通过标准化管理，保持口味始终一致，顾客每次来口味都是一个样。2010年成立长沙品控宝数字科技有限公司（以下简称品控宝公司），摸索数据化监控餐厅生产、销售、服务等多个环节。

（三）品牌打造，路曲步履蹒跚

在戴宗的领导与精心管理经营下，“戴家村”餐饮实现了出品的标准化、操作的规范化和管理的制度化，为连锁力量的进一步发展壮大以及品牌形象的深层次塑造打下了牢固的基础。同时，成立了戴香厨餐饮连锁管理办公室，以保证戴家村各连锁店的协调运营。秉承“品质最优，服务最好，特色最显”的发展宗旨，精于出品，服务于顾客。

就在生意蒸蒸日上，戴宗想借着“戴家村”这个品牌扩大自己的市场，开启连锁加盟店的时候，突如其来的一件事情打破了这个步调。2011 年，“戴家村”商标在食品类被杭州某公司抢注了，这对于一个正在开拓市场的公司来说，抢注的品牌商标推广无疑十分艰难，商标持有者漫天要价几十万元。无奈之下，摆在戴宗面前有两条路：一是花费金钱和精力去取回商标所有权，保持现有的口碑和客源；二是另起炉灶，承担流失客源的风险打造新的品牌。短期看，这次的更名对企业是一个不小的损失。长期而言，却未尝不是一个很好的止损和品牌的升级的机会，更名升级之后的新品牌，也不会再为人掣肘，深思熟路一番后，戴宗果断选择了后者。

二、“炊烟卓午散轻丝，十万人家饭熟时”——异军突起，打造湘字品牌

2009 年“戴家村”正式更名为“炊烟食代”，在原有的基础上对环境、服务、理念做了更精良的升级，只为给予对生活品质追求逐步提高的食客更好的饮食体验。至此，炊烟食代迎来新的黄金时代。经过一番品牌升级后，戴宗提出了自己餐厅经营的slogan（口号）——更辣的湘菜。“炊烟食代”在消费者心目中的标签就是“很辣”，定位是做“更辣的湘菜”，依靠着“戴家村”打下的口碑，再加上良好的饮食体验，从此，店门外等候叫号用餐的长队就不曾间断。

（一）定位商圈，布局商业广场

一次，在长沙阿弥岭门店外，突然下起了雨，但排队用餐的人都没有因雨而走，大家都打着雨伞在店外继续等位。店长看外面排队的人实在太多，就在外面搭几张桌子临时解决就餐问题，顾客也愿意选择在店外就餐。戴宗看到了自家店门前排队的场景，仿佛看到了旧时在故乡田间辛苦劳作的乡亲们，每到日上三竿的时候，望着家里烟囱飘起的袅袅炊烟，归家似箭，温暖无比，十万人家同时吃饭，气势恢宏。

正值中国房地产市场的黄金时期，政府对于引入优质商业地产项目的渴求到了极点，戴宗嗅到了商业广场餐饮的巨大市场，果断开始在长沙各大商圈投资开设“炊烟食代”分店。2015 年，“炊烟食代”的第一家商场店入驻长沙德思勤购物中心，果然收获了大量的客源和巨大的利润。

（二）计件计时，搭建信息系统

分店疯狂扩张，但是摆在戴宗面前的却是更多的困难，在巡店过程中，发现每家店的口味不一、参差不齐。为了达到味道与服务统一，如何保证分店的质量，如何有效解决菜品品质、服务品质的控制？标准化经营在最初的两年都在摸索中走弯路，公司内部对于成立品控宝公司意见颇多，员工电脑不会用，智能手机也还没出现，信息智能这一块基本没人。品控宝公司成立的六年时间里，几百万元的投入，甚至还起到了反向效果导致营业额下滑。但戴宗依旧坚持这项决定，排除万难，逼着大家学电脑，不学就罚款，追求可复制性第一。

针对产品的品控宝计划管理系统和针对服务的品控宝人力资源管理系统的逐步完善，真正做到在后台将供应链、厨房、前厅，甚至员工工资串联起来。公司信息化管理开始步入正轨，建立自己的信息库，实时采集分店菜品销售生产信息，配合中央厨房做到成本控制，进行备货和配送，有报警、有提示。菜品改良，搜集食材餐饮信息，如果某个菜品销量不好就在下个季度进行改良或是替换，销售好的菜品在其他门店进行推广，根据各个门店每天的营业额，严格控制菜品原材料的供给，便于分店保存，控制每个分店的生产成本和人力成本。在国企工作过的戴宗深知在现代企业中不能吃大锅饭，绩效是提高员工满意度的关键，而在实行绩效考核的过程中，及时性又排在首位。推出工资计件，当工作任务单一、集中以后，薪酬问题也随之变得简单。区域站内的服务员，开市、收市奖励，每人每天最高金额 10 元；质量奖励，由前厅经理评价员工表现，最高 10 元；菜单上 20% 当季重点销售菜品，员工推销出额定数量，给予一定奖励；还有一些门店指标，如工作期间上交手机奖励 3 元；看大台、看小台，收台和看台价格一样。同时，如果有顾客拨打表扬电话，明确表扬某个区域的服务员，一次性奖励 20 元。将计件工资简化，员工每天可自行估算出当天服务收入。而且，各个门店每天都会统计工资，在收市之前将具体数据核算出来，输入系统，并张贴上墙，实现计件工资的透明化，用这样的方式激励员工。

（三）不惜成本，追求品质原材

解决了标准化的问题后，戴宗便重点着手菜品的品质提升问题，自建了 1 个中央厨房，入股了 1 个高山蔬菜基地。除了看好蔬菜基地的发展，更多的是为了对蔬菜基地有更多的控制，获得更好品质的蔬菜，以满足门店对蔬菜种类、数量和质量的需求，提升原材料的品质，让顾客感受到饭店的诚意。刚开始“炊烟食代”的定位是做“更辣的湘菜”，但问题随之而来，做更辣的湘菜，这就把原有消费者群体给缩小了，岂不是将少吃辣，甚至不吃辣的人“隔绝”在“炊烟食代”的大门外了吗？后来聚焦“跳水鱼”，但大部分人对跳水鱼没有认知，所以也没能真正火起来。于是戴宗在等一个时机，一个正确的定位、一个聚焦的产品和爆款的时机。

三、“待他自熟莫催他，火候足时他自美”——稳扎稳打，打造网红单品

2015 年起，自媒体火爆，无数游客打卡美食圣地——长沙。“逆天的长沙吃货专业八级考试”“喜欢长沙的 101 个理由”“长沙最对味道的特色美食”等，催生了一大波网红餐饮和网红菜品。2016 年，“炊烟食代”更名升级为“炊烟时代”。“炊烟时代”充满着“烟火气、锅气”，这正好迎合了现代消费者的喜好。

（一）流量推广，研发爆款单品

戴宗通过一番市场调查后，发现了国内市场上牛肉销量的增加，以及牛肉符合人们对健康的需求，意识到牛肉消费在中国大有潜力。2018 年 6 月，“炊烟时代”推全新招牌菜——小炒黄牛肉，并将品牌升级为“炊烟时代小炒黄牛肉”，改了店外招牌的 slogan——在家难吃到的上等湘菜。在牛肉的选择上，选择最好的黄牛肉，保证牛肉的品质。同时对菜品全程把控：黄牛从宰杀到端上餐桌不超过 24 个小时，保证新鲜和本味；严格把握火候与时间，达到 30 秒快速烹饪，吃起来滑嫩且富有弹性。在价格上，以单价 69 元的合理价格，吸引了一大批消费者，单品日卖 300 份。

2018 年 11 月，炊烟小炒黄牛肉和坛宗剁椒鱼头、毛氏红烧肉等湘菜代表组成“湘菜走进联合国代表团”，漂洋过海将湘菜带到了联合国总部，这是对几千年湘菜文化的传承创新。除此之外，“炊烟时代”频繁参加各大热门综艺节目《天天向上》《向往的生活》《我家那小子》《王牌对王牌》《中餐厅》等，看着屏幕里主持人各种吃，屏幕外的网友们，只能发舔屏弹幕表达艳羡，“好想吃”“看饿了”“不行，我要点外卖”“这个小炒黄牛肉看起来很不错”，等等。“炊烟时代”凭借着长视频巨大流量给消费者留下了深刻的印象。

2020 年，疫情过后的黄兴路步行街上，不少是慕名而来的外地旅客，也有长沙当

地的老街坊，等候长达两到三个小时排着队等待品尝炊烟小炒黄牛肉的滋味。国庆期间，它的排号高达9万桌。中午11时一开门就开始排号，一直持续到营业结束，排号12个小时不间断。

（二）老菜新做，担起传承重担

戴宗发现作为剁椒鱼头这一传承近400年历史的湖南传统名菜，具有很大的市场潜力。剁椒鱼头通常以鳙鱼鱼头、剁椒为主料，配以豉油、姜、葱、蒜等辅料蒸制而成。菜品色泽红亮、味浓、肉质细嫩，肥而不腻、口感软糯、鲜辣适口，是一道湖南极其大众的蒸菜。市场上，是个湘菜馆就有剁椒鱼头，在这种市场现状下，太普及，而且普遍低质低价。这道名菜也就从当初的惊艳，沦为了中规中矩。戴宗开始带领团队筹备研发坛宗剁椒鱼头品牌，在吃了上百个鱼头后，制定了6大鱼头选材标准：（1）只选用6斤以上、天然放养的大雄鱼；（2）不喂饲料，只吃浮游生物缓慢生长；（3）水质没有污染，达到天然饮用水标准；（4）鱼头越大生长期越长（6斤大雄鱼需四年以上）胶原蛋白越高、营养价值越丰富；（5）水域面积2万亩以上，鱼活动量大，肉质鲜嫩爽滑；（6）鱼体内没有鱼油，鱼肠小。达到这6大标准的鱼头再搭配3种剁椒，即老坛发酵两年以上的红剁椒、老坛泡椒以及新鲜剁椒，以调配出更好的口味。老菜新做，让剁椒的辣和优质食材交相辉映、相互衬托，既是传承，也升级了这道名菜的体验价值。

四、“众人所趋，势之所归”——顺势而为，迎合市场做餐饮

（一）顺应变化，紧扣市场脉搏

湘菜老字号品牌重建，网络流量爆款，无非就是为了更好地迎合餐饮市场的趋势。相对于成功和失败只在一念之间，而那些因循守旧、思想局限、只顾闭门造车的餐饮企业，注定在激烈的市场竞争中湮没。所以作为餐饮行业的从业者要主动掌握市场的发展趋势，才不会被淘汰。“炊烟时代”能紧紧抓住中国各个改革后的餐饮市场，把握各个阶段的发展机遇。立场坚定做大众餐饮，目光如炬提前布局，建立连接原料生产基地、初加工中央工厂、商圈门店的线上系统，完善生产、销售、品控系统供应链条。

（二）自身成势，着眼产品提质

湘菜产业快速发展的30余年间，湘菜人用自己付出的艰辛、热忱、拼劲显示了湘菜强大的生命力。对于餐饮企业、餐饮品牌来说，网红效应终究只是一时之间的引流，无法长期维持。这些网红品牌在热度消失之后，相比于普通的餐饮品牌店铺，更容易消亡。因此，现在的餐饮企业、餐饮品牌店铺绝不是要如何去发展成为网红品牌，而是要苦修内功，做好信息收集，产品开发和运营管理。保证产品的质量，盯住市场的变化，以更长远的目光着眼当下的市场。餐饮人更应该下笨功夫做事，稳步前进，欲速则不达，不管其他人如何前进如何成功，一定要坚持在自己的道路上一步一脚印地前进。

2020年，“炊烟时代”把品牌名升级为“炊烟”，既顺应了食客对其的称呼，也代表着炊烟袅袅，人间烟火气，更贴近顾客。“炊烟”致力于发展传统地道的湘菜饮食文化，“让湘菜产业造福社会”是他们一直以来的责任和使命。“炊烟”日益成为湘菜品质的代表，也成了一张长沙的名片。当前企业正以每年至少6～8家店的速度递增，力争走出湖南、走向全国、走向世界。

味远红芳：餐饮专属味道设计师[①]

彭颖[②]

无味型，不餐饮！决胜餐饮，先定味型。味远红芳，系湖南佳元禄食品有限公司主打品牌，致力于味道标准化研究，是国内味型定制创领者，专为客户提供复合调味料定制、味道设计和产品工业标准化设计服务。它拥有80000多平方米的标准化生产车间，具有全球唯一中式餐饮数据库，个性化味型10000多种，市场上流动的味型达3000多种。味远红芳服务连锁企业达500多家，全球战略合作伙伴111个，是众多当红餐饮品牌和经典餐饮老店的首席味道供应商。

湖南佳元禄食品有限公司成立于2014年4月，注册资本4600万元，是国内集复合型调味料研发、生产、销售一体化发展的现代化高科技食品企业。公司下设品酱堂运营中心、大客户定制中心、商超运营中心、产品研发中心和生产基地五大运营管理板块。其中研发中心和生产基地坐落在交通发达、环境优美的产业园区——湖南浏阳生物医药食品工业园区，总投资近亿元。公司自建有自动化粉料和酱料生产线、无菌灌装车间、恒温仓库、标准实验室和现代化产品研发中心。产品涵盖调味粉、料、汁、卤料、底料等各类复合型调味料。广泛应用于各种水产、肉制品、蔬菜产品加工和各类大中型连锁超市、餐饮企业以及各类食堂。除大陆市场外，产品还远销美国、加拿大、澳洲等国家和东南亚等地区。

一、味远红芳品牌诞生记

创业之初，董事长林飞想给自己印一张名片，结果走到打印店门口，公司品牌的名字在头脑里还是一片空白，这时隔壁企业广播里播出了一首《绿叶对根的情意》:“这是绿叶对根的情意，不要问我到哪里去，我是你的一片绿叶，我的根在你的土地……”林董事长一边听着歌曲，一边联想到很多餐饮企业得益于自己公司提供的味型设计服务，企业品牌得到了快速地复制和扩张，味道远飘万里，公司就像“味远”背后的“绿叶”;

① 由彭颖根据相关资料整理。

② 彭颖（1987.3- ），女，湖南长沙人，长沙商贸旅游职业技术学院讲师，主要从事餐饮营养与安全相关研究。

而公司这片“绿叶”还要提供更优质全面的服务，让无数餐饮企业在不断发展后迎来百店、千店齐开的盛景，就像春天百花齐放、姹紫嫣红的景象。“味远红芳”四字浮出脑海，跃然纸上，成了公司品牌名称，也成了林飞董事长终身为之奋斗的事业代名词。中国味，源远流长，饮食文化，博大精深，而当今餐饮，一菜一味，百菜百味，餐饮企业要做大做强，实现餐饮品牌的快速复制和扩张，须具备出品的规范化、标准化与科学化。味远红芳人通过为客户提供复合调味料定制、味道设计、产品工业标准化设计服务，默默地赋能于成千上万的餐饮人和餐饮品牌，助推餐饮企业的味道标准化、规范化、科学化发展，助推中国餐饮走向世界，让世界品味中国。

二、味远红芳成长记

2014 年，追梦元年，湖南佳元禄食品有限公司成立。黄金团队，自建厂房，“世界品，中国味”格局初显，推出味远红芳品牌，确立“专属好酱”为主营业务，以“奉献健康调料，传递快乐生活”为使命，愿景是“全球连锁餐饮定制调料的领导品牌”。2015 年至 2016 年，品质牢固年，公司秉承“以产品质量为生命，以客户满意为标准，以技术创新为指导，以售后服务为诚信”的企业经营宗旨和“诚信行商”的经营原则，通过 ISO9001 质量管理体系、ISO22000 食品安全管理体系认证。通过全过程的管理控制，为广大用户提供品质安全、工艺稳定的产品。2017 年，高歌猛进年，公司始终坚持科技先行、自主创新。依托中国农业大学、湖南农业大学、中国烹饪协会等高校和行业权威机构，汲取先进的技术和管理经验，大力提升产品研发和创新能力。与长沙理工大学合作建立产学研基地，成立全国首家“味型研究所”，至今研发味型超过 10000 种；引入绝味食品战略投资，助力企业发展；与用友软件合作，启动企业 ERP 项目，开展信息化建设，建立全球唯一中式餐饮数据库；通过湖南出入境检验检疫局审核，拥有出口资质。2018 年，突围增长年，明晰 5 年战略规划，明确 2023 年实现 IPO；引入番茄资本战略投资，助力企业腾飞；成功导入 ERP、OA，实现企业系统管理；完成日产酱料达 60 吨，日产粉料达 30 吨的生产标准。2019 年，光荣绽放年，被评为“湖南省高新技术企业”，成为全球华人榜首届“工匠精神奖”行业唯一获奖企业。2020 年，全新征途年，投资过亿元，厂区再度大规模扩建，以更强产能服务更多头部客户；确立“标准化、品牌化、全球化的领袖级企业”为发展愿景，坚定“让世界品味中国”的经营使命。

三、味远红芳成功之道

公司成功的背后，离不开强文化、强生产、强研发、强管控的四强品牌发展道路。公司应用现代食品科学技术和设备，汇集国内外烹饪名师、食品科研专业机构，基于对中西方烹饪的理解和创新，以及多年服务各类餐饮企业的经验，形成了强大的餐饮研发设计能力；力求更专业、更专注，为团膳、快餐、连锁餐企等不同客群提供个性化味道设计及专用调味料定制服务。可为不同的餐饮企业提供固态、液态、半固态复合调味料，与菜品相结合的系列产品的研究、开发和定制生产，最大可能地提高连锁餐企的厨房生产效率，降低厨房生产成本，提升物流配送效率。公司拥有国际先进的自动化粉料和酱料生产线、无菌灌装车间、低温恒温仓库、国家级标准检测室和产品研发实验室。所有生产过程严格遵循 GMP 和 HACCP 体系要求进行管理，拥有出口企业资质。可针对不同的餐饮企业提供 ODM 和 OEM 服务。ODM（Original Design Manufactuce，原始设计制造商）服务，即味远红芳可以为客户提供从产品研发、设计生产到后期维护的全部服务，客户只需提出产品的功能、性能甚至只需提供产品的构思，味远红芳就可以将产品从设想变为现实。OEM（Original Equipment Manufactuce，原始设备生产商）服务，也称为定点生产，即味远红芳按餐饮企业委托合同进行餐饮产品开发和生产。公司凭借着经典湘菜、小龙虾、海鲜、炒饭、卤烤等系列产品优秀的品质和消费者的信赖，取得了“高新技术企业”“长沙市小巨人企业”“湖南省食品产业科技创新企业”“湖南科技创新明星企业”“先进单位”“质量、服务、诚信 AAA 企业”“爱心企业”“标准化良好行为企业”“中国最具成长性企业”“企业工匠精神奖”“2019 自主创新企业”“2019 绿色发展企业”等荣誉称号。产品畅销各大餐饮、商超，赢得了广大消费者的青睐，服务连锁企业达 500 多家，如徐记海鲜、王品集团、好食上等，个性化味型 10000 多种，全球战略合作伙伴 111 个。

（一）强文化

公司确立了让世界品味中国的企业使命，致力成为“标准化、品牌化、全球化的领袖级企业”，以“创新、执行、诚信、利他”作为企业核心价值观，确定了“服务员工、客户、大众、社会”的四维服务理念。服务员工，让员工更自豪；服务客户，让客户更满意；服务大众，让大众更健康；服务社会，让社会更美好。公司经营中以产品质量为生命，以客户满意为标准，以技术创新为指导，以售后服务为诚信。精准把握市场变化，迅速响应客户需求高品质生产，高效率服务，高价值创新，共创高效益，持续回报客户、员工、股东和社会。

（二）强研发

公司拥有强大的产品创新研发设计和应用技术团队，贯穿产品配方研发设计→产品工艺流程梳理优化→产品应用技术支持，专家级售前售后服务及全方位解决方案，不断创新，为客户提供高附加值产品。专业调研团队，一线走访，了解不同人群需求，收集市场消费热点，确定味道流行趋势方向，并运用到新产品研发中。紧密交流客户，针对客户企业可能提出的要求和疑问，提供全方位解决方案，便捷服务一步到位。公司各部门配合紧密、反应迅速，从产品概念提出→配方设计→样品制作→产品试样→工艺流程标准化，丝丝入扣，一丝不苟。

公司建立了强大的味型资料库，目前已有超过 10000 多种的产品味型，公司拥有强大的人才队伍，15 人产品研发设计团队，5 人工艺设计优化团队，15 人产品应用支持团队，9 人外聘专家、菜系大师、顾问。味型创新研发团队由公司研究中心骨干成员和长沙理工大学、中南林业科技大学、湖南省中医药研究院、中国农业科学院等高校和科研院所的教授、博士共同组建。团队现有正高级职称 3 人，副高级职称 6 人，其中博士 10 人，拥有湖南省科技人才托举工程中青年专家、湖湘青年英才、湖南省 121 科技创新人才培养工程人选、湘西特聘专家以及长沙市科技创新创业人才各 1 人。

（三）强生产

公司拥有调味粉、调味酱、调味汁、调味油、火锅底料多条生产线，采用袋装、桶装、瓶装、杯装等各种包装形式，包装规格从 5 克到 25000 克，满足不同客户的不同需求。拥有带自动称重功能全自动节能静音炒锅，保证原辅料精准投放，自动控制炒锅温度、均衡搅拌速度，以保证酱料品质稳定。采用瓶装灌装线，在 10 万级 GMP 净化车间，辅以 CIP 自动清洗系统，为食品质量安全提供可靠的硬件保障。全自动酱料包装机，可包装 5g ～ 50g 小包装规格的酱、油、汁类型产品；进口加拿大海霸泵可使物料精准下料，机械泵可使含有较为复杂物料（如含有辣椒籽、芝麻粒等）与油体或液体均匀混合。全自动粉料包装机，可包装 5g ～ 60g 的粉料小包装产品，让纯粉料精准落料，也可对颗粒感明显的物料（如香辛料等）精准落料的同时又能保证其体态不受机械挤压影响。外包装车间，采用流水线式作业，减少人员频繁走动，提升生产效率；生产线上安装有金属探测仪，可将产品中金属异物识别并予以剔除，保证食品安全。给袋式包装机，自动高温灌装，包装范围 200g ～ 2500g，可适用于纯酱、纯汁、油酱分离体态 3mm×3mm 颗粒产品。杯装式包装机，平行四头灌装、定制模具包装方式，包装范围：60g ～ 120g。自立袋包装机，全自动自立袋保温灌装，CIP 自动清洗，包装范围：50g ～ 300g。玻璃瓶包装线：清洗、烘干、理瓶、6 头灌装，放盖、真空旋盖全流水自动操作。

（四）强管控

公司拥有强大的管控实力，拥有专业质量管控团队 26 人，其中十年以上食品行业品控经验 7 人，拥有硕士学位 1 人，本科学位 3 人。具有完善的品质管理制度：严格按照岗位操作说明书、岗位操作看板指引品控人员作业；关键工序 100% 品质跟踪，所有出锅品类 100% 与前批次进行比对检测，保障产品批次间的稳定性；人员专业、设备齐全、仪器先进，专业实验室对所有产品进行品质保证检测。

公司拥有完备的检测体系，具有理化检测、微生物检测、重金属检测能力，能对过氧化值、酸价、水分、盐度、pH 等理化项目进行检测，满足产品及公司需求进行菌落总数、大肠菌群的批次检验，对于特殊原料可进行重金属“镉”的检验，以保证原料安全。拥有原材料 / 成品立体恒温仓库 15000 平方米，冷藏仓库 1000 平方米，自有冷藏车 1 台，先进仓储设备和专业仓储管理人员采用先进材料制造的仓储货架。落地全国配送服务，为不同类型客户量身定制仓储配送方案。城市配送覆盖长沙市区，与优势零担、快运物流合作，国内三级城市 100% 覆盖，全国冷链物流配送。

味远红芳是一个成就天下连锁餐饮的大舞台。味远红芳通过与有情怀、有胸怀和有战略眼光的餐饮实力派企业家结盟，合作共赢，共创未来。从 1 家餐饮门店到 1000 家店，也许只差一个味远红芳。未来，味远红芳人在林飞董事长的带领下，脚踏实地，心无旁骛，聚焦味型，用味远红芳人的专业，助力中国餐饮，让世界品味中国。

百年玉楼东：千年食文化[①]

谢小春[②] 王复飞[③]

说起“玉楼东”，老长沙人没有不知道的。这个成立于1904年的美食品牌、历百年而不朽的湘菜名片，如今更是享誉三湘、蜚声全国，成为正宗湘菜的发源地，享有湘菜“黄埔军校”之美誉。

一、玉楼东的前世今生

玉楼东始建于1904年（清光绪三十年），历经清朝、民国，延续至今。原名玉楼春，取自白居易《长恨歌》中“金屋妆成娇侍夜，玉楼宴罢醉和春”之意，后更名为“玉楼东”。1920年（民国九年），由当时号称“湖南第一厨”的谭奚庭掌勺主理。1938年长沙“文夕大火”，玉楼东被烧成一片废墟，1942年由佘炳文等出资在东茅巷重建。中华人民共和国成立后，玉楼东迁至今五一广场，先后更名为“奇珍阁”“广场饭店”“实验餐厅”。1985年，长沙市饮食公司为振兴湘菜，恢复名老特店和传统湘菜，将酒家恢复“玉楼东”原名。1996年，玉楼东响应政府号召，腾地给日资企业“平和堂”，迁至五一东路续业，后总部迁至五里牌远大路1号，再迁至万家丽路118号，现又重回远大路1号。2002年，玉楼东与时俱进大刀阔斧进行企业改制，对企业和员工身份实施“双置换”，成立长沙饮食集团长沙玉楼东有限公司。

二、玉楼东的成长之路

玉楼东位于长沙市远大路1号，2002年改制后，更名为“长沙饮食集团长沙玉楼东有限公司”，注册资本为300万元，公司性质是有限责任公司，经营范围为饭菜、小吃。现有在册职工300多人，拥有湘菜大师9名，湘菜名师6名，中级技师6名，技术力量雄厚，由全国劳动模范、全国人大代表、中国烹饪大师、湘菜大师许菊云在此领衔

① 谢小春、王复飞根据相关资料整理。

② 谢小春（1972.10- ），女，湖南湘乡人，长沙商贸旅游职业技术学院教授，主要从事会计、餐饮成本管控相关研究。

③ 王复飞（1969.11- ），女，湖南长沙人，高级人力资源师，长沙玉楼东有限公司财务总监、工会主席。

主理、传授技艺。

玉楼东作为湖湘饮食文化的重要组成部分，它的创立和发展，对弘扬湖湘饮食文化，创新和发展湘菜做出过重要贡献。曾国藩之孙清末翰林曾广钧有“麻辣仔鸡汤泡肚，令人常忆玉楼东”的盛赞，今有“平生快意事，把盏玉楼东”之吟咏。玉楼东悠久的历史与厚重的文化底蕴，让中外政要、文人骚客和社会贤达仰慕不已，赞誉有加。历代湘菜名厨谭奚庭、舒桂卿等都曾在此掌勺主理；中国烹饪大师、湘菜大师许菊云在此潜心研艺，授技传徒。玉楼东因雄厚的技术和特有的历史文化底蕴，成为正宗湘菜的发源地，享有湘菜“黄埔军校”的美誉。

企业历经多次改革，经过几代人的努力，长沙玉楼东有限公司现发展成为一家大型餐饮企业，是湖南唯一的国家特级酒家、中华老字号、全国十佳酒家、全国绿色餐饮企业、湖南省餐饮业明星企业，是湖南首家“五星级酒家”，是湖南餐饮企业中唯一的“小巨人企业”，是一家久负盛名、饮誉三湘的百年名店。公司确立了“互敬、务实、敬业、进取”八字企业精神，其服务宗旨是“讲求实效，诚信待人，让每一位顾客都满意”。

近年来，玉楼东置身餐饮竞争风暴，在全体股东的大力支持下，在全体员工的共同努力下，坚定信心挑战市场，狠抓企业经营，扎扎实实做品牌，经营业务稳定发展，目前公司正在向集团化、规模化、连锁化的方向迈进，现已形成“直属店与加盟连锁店”的经营格局，拥有 23 家加盟店，12 家直营店。

玉楼东作为湘菜文化的名片，一直以来受到同行的敬重和消费者的青睐。“玉楼东”这一金字招牌已深深扎根于广大市民心中，成为家喻户晓的百年餐饮品牌。

目前公司旗下拥有玉楼东湘府路店、北正街店、曙光路店、黄土岭店、星沙泉塘店、现已形成全国连锁的经营格局，成为湖南省湘菜产业化经营的龙头企业和湘菜饮食文化对外宣传的重要窗口。

玉楼东历史文化底蕴深厚，是老百姓家喻户晓的老长沙品牌。以位于潮宗街历史文化古街的玉楼东北正街店为代表，成为广大老市民的怀旧之地、年轻人的打卡之地，名老店进名老街，是老长沙人的情结和乡愁，是对历史的尊重。

三、精心耕耘，广获认可

（一）管理有层次、服务有规范

公司建立了适应现代化市场经济发展的运行机制和企业治理结构，采取“扁平式”管理模式，使管理层次、机构设置合理，管理制度健全完善。各部门职责分明，责、权、利明确，有完善的经济考核责任制和健全的财务管理制度。规范现有门店的现场管理，总结历年来的管理经验，形成“领导层次化，管理制度化，服务人性化”的酒楼酒店式特色管理模式。全面推行“三效”管理，即效率、效能、效果。通过“三效”管理，最大限度地提高工作效率和员工士气，并将资源浪费降到最低点，最终达到提高整体工作质量和效率，从而增加顾客满意度与企业美誉度，着重加大技能培训和绩效考核，提升企业综合竞争力的目的。

（二）产品有标准、技术有追求

玉楼东传承下来的湘菜历史悠久，源远流长，根深叶茂，在全国烹饪八大菜系中占有重要位置。从用料、烹调方法到风味特点有完整的烹饪体系。菜品讲究菜肴的内涵精美，由酸辣寓百味，从酥软出鲜香，突出色、香、味、形、器、质的和谐统一。玉楼东有三百多个菜名享誉中外，以其“用料广泛、口味丰富、刀功精妙、技法多样”四大技艺特点独步烹坛。

选料广泛：湖南地理条件优越、素称鱼米之乡，优越的自然条件和富饶的物产，为千姿百态的湘菜在选料方面提供了源源不断的物质条件。

品味丰富：湘菜之所以能自立于国内烹饪之林，独树一帜，是与其丰富的品种和味道密不可分的，就菜式而言，既有乡土风味的民间菜式，经济方便的大众菜式，也有讲究实惠的筵席菜式、格调高雅的宴会菜式，还有经济朴实的家常菜式和疗疾健身的药膳菜式。

刀功精妙：湘菜的基本刀法有十多种，厨师手法巧妙，因料而异具体运用，演化参合、切劈斩剁，游刃有余，使菜肴千姿百态，变化无穷，诸如发丝牛百叶细如银发，金鱼戏莲巧夺天空，各种拼盘神形兼备，栩栩如生、情趣高雅、意境深远，给人以文化的熏陶、艺术的享受。

技法多样：湘菜的烹调方法历史悠久，已形成了几十种烹调方法，玉楼东留传下来的煎、炖、溜、蒸、煮、烧、煨、焖等方法达到炉火纯青的地步，更发展了多种复合烹调方法。体现出了自己的特色。

特色是传统餐饮立身之本，也是宣传之窗口。玉楼东的每一个菜品关注地方风味、精细化定位、拥有特色菜肴，在精细化的定位基层上创新，适应历史潮流的需要。在保留传统菜肴的同时开创养生菜肴，从原材料的健康养生发展到全面的养生体系，即菜品原辅料养生、烹饪加工数字化养生、餐饮服务养生推介，再融汇绿色装修材料、个人养生食谱打造、养生礼品等系列产业的开发，把餐饮业真正打造成绿色养生产业。

（三）质量有保障、菜品有特色

在强化规划管理的同时，玉楼东特别重视质量保证部门在生产过程中举足轻重的作用，产品质量管理严格按照ISO9001质量管理体系要求，责任明确，措施到位。重视服务，认真听取客户意见并按照质量体系的要求对其进行汇总，及时根据总结的意见对各部门进行整改，建立了较为完善的质量管理和质量保证体系。从产品的原材料进货、原材料的保管、原材料的初加工、半成品的存放、成品的主辅料配比、成品的包装器皿到顾客的反馈意见，每个环节都有专门的人员检查、监督、落实，保证产品质量符合食品卫生安全法的要求。

公司的“发丝牛百叶”“柴把鳜鱼”“酱汁肘子”等10多道菜肴曾获全国烹饪技术大赛金牌。2009年，玉楼东的麻辣仔鸡、发丝百叶、酱汁肘子、柴把鳜鱼、腊味合蒸等六道传统湘菜成功“申遗”，成为长沙市首批手工技艺的非物质文化遗产。另外如红煨猪脚、龙脂猪血、刮凉粉、脑髓卷等几十个小吃品种，深受消费者的追捧。

玉楼东的葱油粑粑、毛氏红烧肉、黄鸭叫、剁椒鱼头都成了大众点评2018年长沙必吃菜品的网红产品。单店小吃与随堂小炒，平时日客流量达到800人，一到节假日客流量达到2000人。

（四）市民有认可、行业有肯定

玉楼东作为湘菜的突出代表，其菜名更新换代快，获奖菜品层出不穷。如“柴把鳜鱼”“发丝百叶”“酱汁肘子”“龙舟载宝”“毛家红烧肉”“金鱼戏莲”等先后在全国烹饪大赛上获奖。2006年被中华人民共和国商务部重新认定为“中华老字号”；2006年4月18日长沙市旅游餐饮星级评定委员会授予“星级宾馆”；2006年5月长沙市百城万店无假货活动示范店；2007 年中国烹饪协会授予“全国餐饮优秀企业奖”；2007 年 2 月长沙市芙蓉区人民政府授予“诚信经营奖”；2008 年 4 月长沙市人民政府授予玉楼东“2007 年度长沙旅游产业发展促进奖”；2010 年 3 月长沙市政府授予玉楼东“2009 年度餐饮先进企业”；2013 年被湖南省商务厅授予“商业特许经营企业”；2016 年在中国食品餐饮博览会上被评为“食餐会消费者最喜爱的十大品牌”；2018 年被湖南省餐饮行业协会授予“十大湘菜名店”；2020 年获评“消费者信赖品牌”。

四、玉楼东的“湘”味特色

（一）以传统湘菜为主、风味小吃为辅

玉楼东是正宗湘菜的发源地，也是长沙小吃的聚集地。承载着发展湘菜的历史重任，确定好经营模式是重中之重，公司深度挖掘湖湘厚重的历史文化，注入老长沙及玉楼东的文化元素，经营代表湖湘特色的正宗湘菜及湖南地方风味小吃，广泛传播湖湘饮食文化。总体经营：湘江流域、洞庭湖区和湘西山区为基调的湘菜三大流派，推介地方风味小吃，人均消费为 40 元～ 45 元，以价格实惠、上菜快来实现翻台及聚集人气；各实体店包厢主要经营：湖南正宗湘菜及地方特色菜，人均消费为 70 元～ 80 元，以菜品质量取胜，面向全国消费群体；各实体店大厅主要经营：地方风味小吃，网红产品等，以满足利用网络搜索的消费者的需求。

（二）以传承湘菜产业为主、开创绿色产业链为辅

现在的餐饮消费也已进入到第三重阶段，即看不见、摸不着的整体消费意识阶段，消费者在离开消费场所后在头脑中形成的整体感知回应是什么，这便体现出餐饮店的品牌文化，所以商家的独特体系已不仅仅是菜品、味道、服务、环境、音乐等，而是综合因素的整体体现。随着人们在就餐环境、体验等方面要求越来越高，名气大、品牌响的餐厅越做越大。餐馆档次也体现在环境上，文化成为餐饮业装潢视觉的重要元素。根据定位不同，体现不同文化，成为许多餐馆的竞争手段。餐饮市场的竞争，必将回归于品牌间的竞争，品牌力更强就有更广阔的市场。玉楼东主要从以下几方面传承产业、立足市场：

一是发展绿色湘菜，用绿色无污染的原材料，科学使用添加剂，合理处理油烟排放、

下水污染，达到“科学、营养、卫生、健康、放心”的标准，接受消费者和社会机构的监督，树立绿色湘菜的新概念、新风尚。

二是打造湘菜产业链，按照合理布局、资源共享的原则，建立优质湘菜原材料种植养殖加工基地、特殊湘菜调配料基地、湘菜物流配送基地、湘菜人才培养基地。

三是发展文化湘菜，把湘菜作为一种文化来经营，用湖湘文化精华元素丰富湘菜底蕴，用湖湘民俗文化丰富湘菜内涵。充分发挥湘菜老字号的龙头带动作用，充分发挥名师、名店、名菜的优势。

五、玉楼东的未来规划

明晰的发展战略和稳健的发展策略，是公司持续发展的保证。在发展战略方面，公司确立了“以直营门店为主、加盟连锁为辅”的规划路线，公司按照国际餐饮行业“产业化、连锁化”的发展趋势，制定了适合自身发展的发展战略；在具体实施上，公司则遵循“以湖南为基地、向全国重点城市逐步拓展”的发展策略。连锁化经营发展模式是以直营连锁为主，加盟连锁为辅；以全国中心城市为重点建立旗舰店，辐射周边城市，构建全国连锁经营网络。

公司计划在总部打造中国湘菜博物馆饮食文化体验场所。打造成中国餐饮产业的湘菜领导型品牌、湘菜原辅材料的标准化产业基地和湘菜产业链人才实习培训基地等。具体在以下几方面规划发展：

（一）市场开发与业务拓展

1. 走湘菜精做的“品牌路线”

着力打造玉楼东“子”品牌，实施品牌提质。计划在北京、上海、深圳及其他一线城市分别开设3家、2家、1家，在装修风格、菜式结构及企业文化等方面突出湖湘特色。通过对菜品结构调整赢得顾客，实现低成本，高利润的销售模式。

2. 以控股方式发展连锁加盟店

拟在全国省会城市中，开设6家至10家连锁加盟店，单店面积在1000平方米以上，跟以前的运作形式不同的是，不搞单纯的品牌加盟，而是以控股的方式，导入管理、技术和服务。

3. 组建产品配送中心，实行多业态经营

拟组建一个湘菜配送中心，制定出工艺流程标准，按标准成批量生产，目标市场是全国各地湘菜馆和大中型卖场。

4. 充分挖掘传统经典湘菜，并对部分菜肴品种大胆创新

一些传统经典湘菜如祖庵菜系列，可谓“养在深闺人未识”，我们都将在品牌店中重磅推出。将组织厨师精心开发出真正意义上的创新湘菜，改变国人对湘菜的印象。

（二）科技创新与提升管理

中式餐饮连锁面临的最严峻问题是如何提高行业科技含量。公司将对目前现有菜品的品种、质量进行研究，将传统烹饪技艺与现代食品工业化操作手段相结合，提高生产能力和水平。引进先进生产设备，将简单手工操作提升为机械化生产，提高劳动效率、扩大生产能力、实现标准化。

为确保产品质量，公司还将按照科学化、数据化、标准化的要求，制定相应的质量标准、服务规范、操作要求，通过对原辅材料的品质、成分、营养、卫生指标进行分析，对菜品进行更为详细的质量规定，以实现统一的质量管理目标。

（三）加强人力资源配置

目前，无论是开设直营店还是加盟店，存在技术人才匮乏的问题，公司将通过完善制度，建立科学的激励体制，组建一支专业、高效的管理运营团队。

另外，还将成立“厨师培训学校”，实行全封闭式的培训，以理论和实操相结合的授课形式，培养技术人才，形成一个技术人才储备库。通过培训，提高餐饮就业人员的技艺和素质，为湘菜走向国际化道路而输送高端人才。

六、结语

当前，顶着疫情压力，历经风雨考验的玉楼东选择自救突围，率先复工、上线外卖、

恢复堂食、调整菜品结构……发挥老字号的担当，主动应对市场，做好防疫措施，把好食品安全关，让顾客每一顿都能放心就餐。玉楼东与消费者一同扛过了困难期，重振了市场信心。企业在这些自救措施中探索出了新的商机、新的路径，使其成为未来业务新的增长点。

面对瞬息万变的市场和激烈残酷的竞争，作为老字号的玉楼东人更注重讲好新故事。玉楼东传统技艺之所以能保持下来并不断发展，主要是有不少湘菜名师如谭奚庭、舒桂卿、蔡云、周子云、王墨泉、许菊云等人先后在此掌勺献艺，根基深厚，老字号只有在传承中跟上技术演进的脚步，尝试创意新玩法才可能真正完成“焕新”过程。老字号焕发新活力没有捷径可走，拥有文化积淀和品牌故事，并不能让老字号自带“流量”。老字号自身需从内部管理、生产经营、品牌运作、技术创新、文化建设等全方位转型升级，强筋壮骨。玉楼东目前在长沙有湘府路店、北正街店、曙光路店、黄土岭店、泉塘店。“扎根本土，做长沙人喜欢的湘菜”是玉楼东未来坚持的方向，传承和创新也将伴随这个百年品牌一直走下去。老字号讲好新故事，以赢得更多消费者，尤其是年轻人的认可。在产品和品牌创新上，老字号玉楼东不再被动，而是积极寻找出路，在传承与创新中，舌尖上的美味口味纯正、品质过硬，让人交口称赞、口碑相传。守得住经典，当得了“网红”，成为玉楼东这块金字招牌的自我修养。

百年磨一剑，“玉楼东”这一金字招牌更加光芒四射，已深深扎根于广大市民心中，成为家喻户晓的餐饮品牌。玉楼东已成为人们品尝湘菜、领略湖湘饮食文化的首选之地。玉楼东人正豪情满怀以更旺盛的斗志，自强不息的精神加快步伐前行。

经过多年的实践和思考，玉楼东人提出了“继承、发展、引进、改良、为我所用、从原材料入手、不断推陈出新、人才培养、加大宣传、人无我有、人有我优、人优我精以及湘菜产业化”等创新思路。公司将担负起传承湘菜的历史重任，为湘菜事业的发展做出更大的贡献。

Ⅳ 专题研究篇

基于湘菜传承的长沙美食之都建设的对策研究

段辉煌[①]

2017 年世界中餐业联合会授予长沙“国际美食之都”的称号，极大地提升了长沙美食的知名度和影响力。美食是引领城市发展的重要选择，创意城市建设是当前城市转型发展的重要选择。2004 年联合国教科文组织成立的全球创意城市网络（UNESCO Creative Cities Network，简称 UCCN）将美食传播作为推动城市可持续发展的主要动力。目前全球已有 36 座城市加入 UCCN“美食之都”，包括中国的成都、澳门、顺德、扬州这些城市已陆续加入全球创意城市网络——美食之都，其川菜、粤菜、淮扬菜等美食文化得到了很好的发展，对当地美食旅游业产生了明显带动作用，所产生的联动经济效益和社会效益十分巨大。而长沙作为湘菜的大本营，如何更好地发挥湘菜产业优势，体现幸福长沙的城市魅力，UCCN“美食之都”的建设是不可或缺的。通过与其他城市对比发现，将长沙建成 UCCN“美食之都”还存在一定距离，尤其是在湘菜的传统技艺、特色的传承和发扬上存在较大距离。为了更好地推进长沙 UCCN“美食之都”建设，下文重点对标了 UCCN“美食之都”的建设标准，尤其是站在湘菜传承的角度找出与国内、国际入选城市之间的差距，有针对性地提出对策。

一、长沙美食之都建设的现状与差距

（一）扩大在饮食类非遗上的影响

与国内四大美食之都相比，长沙在饮食类非遗的影响上，还存在一定差距，长沙目前饮食类非遗项目有 3 项省级，19 项市级（具体见表 4-1）。而扬州有 52 项饮食类非遗项目，其中有国家级 1 项（扬州富春茶点制作技艺），省级 6 项，市级 12 项以上；以成都为代表的川菜中，饮食类非遗项目有 3 项国家级（郫县豆瓣、榨菜、豆豉），省级 67 项（其中四川省 31 项，重庆市 36 项）；顺德共有 18 项饮食类非遗项目，其中省级 1 项，17 项区级非遗，其依托广东省丰富的饮食类非遗项目，可传承和推广的

[①] 段辉煌（1976.3- ），男，湖南湘乡人，长沙商贸旅游职业技术学院讲师，主要从事烹调职业教育与湘菜产业研究。

烹饪技艺十分丰富，且自古就有“食在广州、厨出凤城”之说，所以顺德的饮食文化底蕴十分深厚；澳门的饮食类非遗项目主要以土生葡人美食烹饪技艺、凉菜配制为主，其中土生葡人美食烹饪技艺体现了东西饮食文化的融合，具有较高的国际影响力和知名度。通过对比发现，长沙饮食类非遗项目在数量和质量上还需进一步提升，湖湘非遗美食的影响力和国际知名度，还需要进一步扩大。

表4-1　长沙代表性饮食类非遗一览表

项目分类	名称	级别
传统技艺	火宫殿八大传统小吃制作技艺、长沙玉和醋传统酿醋技艺	省级
民俗	长沙火宫殿火神庙会	省级
传统技艺（19项）	长沙玉楼东六大传统湘菜制作技艺、长沙杨裕兴鸡蛋面制作技艺、腊八豆制作技艺、徐长兴烤鸭制作技艺、浏阳河酒制作技艺、长沙绿茶制作技艺、浏阳小曲古法酿制技艺、浏阳市蒸菜传统制作技艺、浏阳市豆豉传统制作技艺、浏阳市油饼制作技艺、宁乡四碟（刀豆花、砂仁糕、紫苏梅、冰姜）加工技艺、靖港八大碗、南一门老料法饼制作技艺、浏阳牛胶膏传统制作技艺、德胜斋浏阳茴饼制作技艺、长沙甘长顺传统手工米粉及五大炒码制作技艺、郭福嫔馳小钵子甜酒、怡华楼祖传杠子面、高家甜酒酿造技艺	市级

（二）加大美食文化的传播

美食文化的传播是做好文化传承的有力抓手，也是实现美食创新的催化剂。长沙在美食文化传播上，也做了大量尝试，如美食街区的打造、美食文旅小镇的建设、火宫殿美食民俗氛围的营造、专业和民间美食大赛的举办、湘菜美食走近联合国等文化节的举办、美食书籍的出版以及湘菜文化博览园的建造等。

扬州的美食文化传播通过选择多样的旅游开发模式、构建饮食类非遗旅游产品体系、加大旅游宣传力度三个层面来开展。还通过国际化平台推广和舌尖上的公共外交等多种形式进行传播推广。具体通过兴建多个饮食类博物馆（已有淮扬菜博物馆），举办形式多样、特色鲜明的饮食节庆活动（如以其国家级、省级非遗项目为主要推介对象的美食节：运河美食文化节、扬州糕点文化节等），建设特色美食文化小镇、开发饮食旅游商品等形式来扩大菜系的影响。

成都通过国际美食节、非遗美食节等多项高规格活动来宣传川菜美食，擦亮成都的美食名片，譬如有十分丰富的各级各类非遗技艺荟萃，依托文旅特色小镇充分展示、宣传川菜类非遗项目，打造川字特色餐饮品牌，影响力较大。还通过宽窄巷子、川菜博物馆、香香巷、沸腾里等一批美食载体，强化美食体验、文化展示、国际接待功能；分批次建设 3 至 5 个彰显国际范、成都味的美食特色街区，并支持每个区县打造一批特色美食文化街区，成立团餐专业委员会等方式弘扬地方菜系文化和提升城市的美食竞争力，并重视发展特色农产品和构建特色原料的农产品体系。

顺德的美食文化传播充分利用侨乡背景对外宣传，其带动效果好。近年又提出围绕顺德“名菜”“名店”“名厨”“名节”四方面下功夫，着力通过“粤菜师傅”工程，向行业提供源源不断的人才支撑，打造顺德餐饮业的核心竞争力。同时，推动智慧美食街区、智慧餐厅建设，重点探索餐饮新零售模式，及打造 2 ～ 3 条智慧美食街区。

澳门其自身城市的国际性和美食的融汇中葡特色已具有很好的优势，再通过澳门美食年，已连续举办三年的“澳门国际美食论坛”，与《国家地理》合作推出“绿色美食之旅”项目，以及开展建立澳门土生菜资料库等工作来推动美食之都的建设。此外，正在筹建的职业技术教育活动中心将内设国际厨艺区，澳门旅游学院未来也会推出餐饮相关的硕士课程。

（三）加快美食创意教育培训体系的建设

扬州市已经建立起多层次、多样化的美食创意教育培训体系，每年为海内外培养美食创意人才 2000 多名。其中专、大专、本科、硕士研究生的烹饪美食学科体系较为健全。近年来，扬州市举办的“海峡两岸素食文化博览会”“世界中餐烹饪大师古都扬州行”“中外丝路城市美食展览会”等美食交流活动，为世界各国的美食提供交流平台，同时也进一步促进了扬州美食文化的对外交流。

成都的美食创意教育培训体系也极为发达，层次较为齐全，发展历史较为悠久。研究的相关书籍资料较为丰富，这都为美食文化的传承与发展提供了很好的基础，而且全年的美食活动逐渐体现出相互的关联性，以成都国际美食节为龙头，充分彰显其国际性、文化的包容性。

顺德、澳门因其融合中西饮食文化较早，地域的美食研究和推广开始得较早，创意培训体系上也较为发达，所以在基础上较长沙具有一定优势。长沙可从以下几方面发力：一是要完善中专、大专、本科、硕士研究生的专业美食创意教育培训体系。二是要将美食文化教育渗透到城市居民的日常生活和各级教育机构之中去。三是在各类普通院校中开设美食文化的讲座和活动。四是开发出更多的饮食文化读本，激发更多的美食创意者融入城市发展之中，形成层次更为丰富的湘菜美食生态体系。

二、基于湘菜传承的长沙美食之都建设的对策

（一）建设特色的饮食类非遗展示馆

在城市交通较为便利之处建设饮食类非遗博物馆，将长沙的省、市级饮食类非遗技艺以影音、文字、图片、实物模型等方式进行展示，并配上透明加工作坊、加工体验区等形式进行动态展示，充分地呈现饮食制作技艺，彰显其文化内涵。以火宫殿八大传统小吃制作技艺、长沙玉和醋传统酿醋技艺、长沙杨裕兴鸡蛋面制作技艺、长沙玉楼东六大传统湘菜制作技艺等为基础，重点打造出长沙特色小吃展览馆、湖湘特色调料展示馆、特色湘菜博物馆、湖湘特色糕点展览馆。带领旅游者观看、体验长沙传统非遗制作技艺，感受长沙饮食文化魅力，借此进一步扩大其知名度。

（二）创办更具湖湘特色的美食节庆活动

湘菜美食文化节是每年都坚持的一种美食节庆活动，以通过走进联合国、走进湘潭、走进南岳等多种形式开展，还有如民间烹饪大师赛、吉尼斯世界纪录挑战活动、中国食品餐饮博览会等方式来扩大湘菜的影响力，其均取得了非常积极的效果。对于如何更进一步让其深入人心，为更多的人所知道，从而提升湖湘特色菜式的知名度，可以从以下方面进行尝试，如举办长沙非遗美食节、与省博物馆共推“千年长沙王”系列美食、与湘瓷湘茶融合的古潭州美食节、长沙特色食材美食节（有意识地集合长沙各类名优特色食材）等，便于湘菜出湘，形成更具特色的节庆品牌活动。同时将湘菜美食节打造成湘菜国际美食节，并将其与全年其他美食活动进行串联、与后续的总结提升产生关联度，进一步提升美食之都的文化内涵和外延广度，从而使长沙国际美

食之都在全球产生更大号召力。还可以通过举办星城大厨秀、国际范湘菜秀、新长沙味道推荐等赛事活动来突出长沙作为国际美食之都的国际性和人才辈出。

（三）打造美食文旅特色品牌形象

长沙作为历史文化名城，给世人更多的印象是，青年毛泽东活动的革命圣地，如橘子洲头，程朱理学的岳麓书院，马王堆汉墓陈列馆等，长沙着力打造的旅游特色就是“山、水、洲、城”；长沙自身独特的旅游特色是红色旅游、文化旅游，如尝试将我国八大菜系之一的湘菜特色与“中国最具幸福感城市”“东亚文化之都”“国际美食之都”这些荣誉相连，将其打造成中部的特色美食之都形象，使其与武汉、郑州、南昌等中部城市形成差异，在世界旅游目的地中更具独特性。也可尝试抓住文旅特色小镇建设契机，打造能体现长沙独特美食文化底蕴的标志性区域，如现已具备一定特色规模的坡子街美食街区、太平街美食街区，但可能还要结合现在周边休闲度假游兴起的时机，依托现有的一些特色老街进行美食文化小镇设计，如打造浏阳美食蒸菜一条街、长沙铜官窑古镇美食街区、长沙特色美食小镇等品牌，借此来展示长沙美食形象。

（四）丰富饮食类旅游产品

在长沙旅游纪念品市场中，饮食类特产虽已类型较为丰富，但还缺乏体系。可以尝试在饮食老字号店铺中（如火宫殿、玉楼东）或专业加工作坊中，利用现场制作的形式，向游客完整展示非遗项目或其他地方特色食品技艺后，再让游客带走美食纪念品。使游客离开时既带有美食加工过程的影像资料，又可带走美食纪念品，让旅游者更好地了解长沙饮食文化，宣传长沙美食产品，并形成饮食类旅游产品体系（见表4-2）。

表 4-2　饮食类旅游产品体系表

产品结构	产品类型	产品内容
品牌产品	湘菜美食鉴赏游	走进博物馆和饮食生产基地，领略湘菜美食制作的技艺，一边品读湖湘饮食文化，一边品味舌尖美味
	湖湘饮食文化修学游	围绕湖湘饮食相关的博物馆，非遗饮食生产作坊、地方特色美食加工间，开展修学游，使游客在了解湖湘饮食文化进程中，获得旅游快乐体验
	美食制作体验游	以非遗美食、地方特色美食、趣味美食制作为体验内容，以游客美食制作体验为主
特色产品	美食美景观光游	依托长沙特色美食小镇、湘菜文化博览园、特色美食街区展开旅游体验，赏美景、品美味
	民俗风情游	以火宫殿、天心区非遗展厅、文和友特色餐厅为依托，带领游客感受长沙饮食风俗
	餐旅会特色游	以各类展会为抓手，开展餐饮 + 会展 + 旅游，在特色会展中提供美食街区，形成边逛展会，边品味美食的特色旅游，拉伸展会经济
	湖湘地方风味美食游	将湖湘各地特色美食集聚在特色美食街区或特色小镇，形成体验湖南各地美食的聚集地，有利于游客一站式享受湖湘各地风味美食
	韵味古长沙体验游	将饮食文化、弹词和地方非遗表演相结合，让游客感受长沙古城风韵，体验一种生活韵味
	乡村特色美食游	将靖港八大碗、平江八大碗等农家特色宴席形式融入美丽乡村中去，形成独特乡村饮食文化游的品牌

（五）建立更加完善的美食创意教育培训体系

长沙应当加速完善从中专、大专、本科到硕士研究生的美食创意教育培训体系，并注重烹饪艺术教育的国际化发展问题。从长远考虑，在培养烹饪人才的过程中，要注意考虑不同文化背景的东西方顾客的不同需求，还应该与国际美食教育相融合，培养出新时代下适合全球美食文化传播的新型人才。

（六）更加注重美食文化交流和传播

第一，依托学校、行业、企业、研究机构，加快湘菜美食文化的研究，出版一批高质量的美食文化著作和教材，推进美食文化的传承与传播；第二，在国外，尤其是到高校举办长沙美食路演；第三，编辑长沙美食指南，通过社交媒体广泛传播；第四，邀请网络红人或知名食客博主，刊登长沙美食的图片、文章或视频。

（七）做好湘菜的传承与发展

第一，行业协会定期举办经典湘菜、地方湘菜、创新湘菜、烹饪诀窍、湘菜味型、湘菜工艺规范的培训与分享交流会；第二，加强湘菜餐饮从业者的食品安全规范培训教育，不断提高综合素质；第三，支持和帮助湘菜餐饮企业走入“一带一路”沿线国家，扎根发展，实现创新，形成品牌，从而扩大湘菜文化的影响力。

参考文献：

[1] 刘国华，罗志．湘菜餐饮行业文化及其对产教融合的促进作用 [J]. 湖南社会科学，2016,05:165-169.

[2] 蔡礼彬，张春光．法国美食文化遗产传承研究 [J]. 西南民族大学学报（人文社会科学版），2012,33(10):7-14.

[3] 韩双斌．扬州饮食类非物质文化遗产旅游开发研究 [J]. 大众艺，2018,18:5-6.

[4] 姜楠．西安“国际美食之都”建设思考 [C]//2019 全国教育教学创新与发展高端论坛论文集（卷九），2019:91-92.

[5] 侯兵，杨磊，陈倩．从文化多样性到创意城市：美食之都的理论逻辑与实践探索 [J]. 美食研究，2021,38(01):11-17+54.

旅游发展视角下传统湘菜饮食文化资源开发研究
——以长沙美食为例

龙芳[①]

在文旅融合不断深化的时代背景下，美食是当下旅游活动中必不可少的一种体验。“互联网 +”为旅游业发展带来了强大的动能，催生了一大批网红打卡地，网红美食打卡地逐渐发展为新潮的旅游地。长沙是国家历史文化名城，文化底蕴深厚，旅游资源丰富，拥有世界媒体艺术之都、美食之都、东亚文化之都、最具幸福感城市等闪亮名片，也是知名的网红城市、首批国家文化消费试点城市、中国十大夜经济影响力城市。长沙被誉为“美食之都”，且具有知名网红城市的优势，涌现了像茶颜悦色、文和友、马栏山等诸多的网红打卡地。来自美食的诱惑：“为一杯奶茶坐一趟高铁”“为一餐龙虾赴一座城”“为一间房赴一个村”，由此产生了“潮流 +”“美食 +”文旅新象。

美食不仅要味道好，还要有特色、有文化，湘菜作为中国八大菜系之一，在湖南发展旅游过程中则应该积极发挥其吸引力。下文以旅游发展为视角，将地方菜系作为一种特殊的文化旅游资源进行传承创新，推动“商贸、餐饮、文化、旅游”等相关产业的融合发展，相互促进，探索符合长沙饮食文化旅游发展方针，提出了建立湘菜旅游资源融合发展、引进市场、培养人才和文化创意创新等对策。加强对传统湘菜、经典小吃的挖掘、保护、传承、研发及推广，打造地方美食品牌，实现湖南省以文化带动经济的发展目标。

一、湘菜旅游资源开发研究现状

（一）长沙湘菜旅游资源发展现状

在湘菜发展的过程中，经过几十年的传承与创新，打造了一批远近闻名的网红美食，形成了长沙特色的湘菜旅游资源。这些美食品牌在传播和弘扬湘菜文化、吸引旅游者来长沙旅游等方面扮演着重要的角色。据《长沙饮食志》载，长沙臭豆腐源自左

[①] 龙芳（1988.11- ），女，湖南衡阳人，长沙商贸旅游职业技术学院讲师，主要从事湘菜产业、食品科学研究。

太傅左文襄公老家——湖南湘阴县，豆腐嫡系传人。“火宫殿的臭豆腐——闻起来臭，吃起来香。”臭豆腐正是以其独特风味吸引食客而闻名遐迩。糖油粑粑、长沙大烤肠、口味虾、刮凉粉、长沙米粉等美食皆为长沙人的最爱。长沙人开启“食 - 游 - 购 - 娱”的活色生香潮流模式，美食领先于游玩、购物等活动，成为在长沙的必备体验。长沙涌现出一批网红餐厅，如：超级文和友、炊烟小炒黄牛肉、壹盏灯、盟重烧烤、许家故事、费大厨辣椒炒肉、聚鑫朋酸菜肥肠，等等。其中，许多品牌在除长沙以外的其他城市都设有分店，这些分店在营销宣传的时候会结合当地特色，并且品种繁多；色泽上油重色浓，讲求实惠；品味上注重酸辣、香鲜、软嫩、滋味互相渗透。因地理位置的关系，湖南气候温和湿润，故人们多喜食辣椒，用以提神去湿。用酸泡菜作调料，佐以辣椒烹制出来的菜肴，开胃爽口，深受青睐，成为独具特色的地方饮食习俗。以此吸引消费者，从而进一步激发大家去长沙旅游的兴趣。

（二）湘菜与旅游融合打开湘菜市场

新时代人们对于美好生活的向往得到了越来越多的关注，美食旅游在满足旅游者对美食向往的同时，对地方经济发展的影响也日益受到重视。自党的十八大以来，国家在促进文化和旅游市场高质量发展作出全面部署，努力建设社会主义文化强国。在全域旅游经济蓬勃发展的进程中，美食在推广和体现旅游目的地形象的功能日益突显。体现区域文化特色的美食产品将成为游客旅行过程中必不可少的构成要素。以湘菜为例，长沙臭豆腐、小龙虾、糖油粑粑、文和友、火宫殿等地方特色美食已经成为影响游客旅游决策的重要因素，它提高了长沙美食旅游的核心竞争力，拓宽了湘菜市场，同时既传承了湖湘饮食文化，又创造了可持续的经济价值，同时也延伸了旅游产业价值链。湘菜与旅游融合举办的活动有：“湘菜烹饪大赛”“中国湘菜美食节”“味道湖南”“湘菜香飘联合国”等，这些活动的举办有利于弘扬湘菜文化，打开湘菜旅游市场。以美食带动旅游业的发展，文旅融合给美食旅游提供了更为广阔的拓展平台，以享受和体验美食为主要动机的休闲旅游将更具市场竞争力。

（三）“互联网 +”助力湘菜旅游的发展

在过去五年时间里，长沙文化与旅游业飞速发展，不但获评 UCCN“媒体艺术之都”“东亚文化之都”，也紧扣“打造世界旅游目的地”目标，成为“网红城市”。根据抖音数据显示，长沙作为国内新一线城市的代表，已成为深受网民喜爱的“网红城市”。五一假期、十一假期，长沙相关视频热度上升，城市的网红属性凸显。传播内容方面，网红城市热门视频一般有四大特点，归纳为“BEST 法则”，即 BGM（城市音乐），Eating（本地饮食），Scenery（景观景色），Technology（科技感的设施）。这四类深入城市生活毛细血管的符号组合成了抖音上立体的长沙城市形象，让这座城市拥有了特定的辨识度。长沙网红打卡地，如：岳麓山、橘子洲烟花、梅溪湖城市岛、马栏山广场、谢子龙影像艺术馆等，这些景点被抖音、快手、微博等带火，每年的五一、十一小长假，吸引无数前来打卡的年轻人，从 2020 年 1 月至今，长沙相关视频播放量、互动量波动上涨。以公众号、小程序、直播电商、短视频以及企业微信等渠道打造流量入口，使得私域流量成为文旅产业发展的新阵地。

在播放量 TOP100 的城市形象调研中，有 36% 的拍摄内容是地方饮食，长沙臭豆腐、口味虾等特色美食都引发了跟风拍摄。商业景点、城市景观、自然景观和地方文化分别为 14 条、12 条、10 条和 11 条，政府形象方面为 6 条，其中“长沙发布”独占 2 条。来自星沙的南楚古都、望城的铜官窑古镇与长沙国金中心等商业景点更是通过“长沙发布”和“韵味长沙”等抖音号完成全国形象传播的“首秀”，橘洲焰火、岳麓山索道、三馆一厅、梅溪湖国际文化艺术中心等成了展示城市形象的 BEST 符号载体，让长沙一跃成为新晋“网红城市”。

（四）打卡“长沙湘菜网红地标”成为新时尚

长沙的“茶颜悦色”“超级文和友”收获排队大军，一处景点，一道美食在短视频的带动下愈加生动。截至 2021 年 3 月，累计超过 3 万人打卡茶颜悦色以及超级文和友。女性担任打卡主力大军，占比将近 8 成，以“90 后”为主的消费者需求持续增量。2020 年，长沙市暑期夜游复苏率全国第一、在全国 20 强夜经济城市中排第八。长沙五一商圈被评为 2020 游客喜爱的十大夜商圈，长沙岳麓山橘子洲旅游区被评为 2020 游客喜爱的十大夜景区。打卡“长沙湘菜网红地标”，展现了湘菜文化的博大精深与独特魅力，促进了湘菜与旅游的深度融合，为长沙美食旅游提供新动力。

（五）政府重视提升湘菜在旅游业中的地位

湖南省委、省政府先后下发了《关于加快发展湘菜产业的意见》（湘政发〔2007〕

23 号)、《支持湘菜产业发展的若干财税政策措施》(湘政办发〔2010〕56 号)等文件，且从 2010 年开始，省财政每年安排 1000 万元专项资金用于支持湘菜技术创新和产品研发等，推进其发展。将湘菜文化资源转化为文化资本，是发展湖南特色文化产业、文化强省的关键。2018 年，长沙市文化产业增加值 1017 亿元，占 GDP 比重 6.0%。2019 年全市接待国内外游客 1.7 亿人次，旅游总收入突破 2000 亿元。成功打造马栏山视频文创产业园、后湖国际艺术区等一批文化产业园区。建成开放新华联铜官窑国际旅游度假区、炭河古城等全国有影响力的文旅项目，提升湘菜在旅游业中的地位。

二、湘菜旅游开发存在的问题

(一)片面追求经济利益，忽视湘菜文化资源的保护和传承

湘菜是湖湘饮食文化传播的重要载体，目前已经发展成湖南省第三产业的传统支柱产业，发展规模大，产业基础较好，但发展质量整体不高，许多商家把经营湘菜纯粹当作一种盈利的手段，并没有严格遵守湘菜传统的制作工业，挖掘每一道湘菜背后的独特历史文化，这导致许多传统湘菜无论是从原材料选择，还是加工工艺都开始“变味”。从消费者的角度来看，大家更多地关注湘菜的“色、香、味”，对于这道菜背后蕴含的文化知识关注甚少或者漠不关心，从而忽略了湘菜文化资源的保护和传承。在宣传过程中也面临素材不足，同质化现象严重，品牌竞争力不足，内涵式发展不足、发展层次较低且影响力较弱。再加上许多湘菜传统技艺失传、有关民俗文化文字记载少、最终使得湘菜文化的传承不乐观，传统湘菜文化的魅力有所减弱。

(二)湘菜与其他旅游资源融合不够

近年来长沙市促进文化和旅游融合具备了相对基础，取得了一定成绩，但是长沙市促进文旅融合还存在一些短板亟须补齐，主要有融合的认识还不深入、融合的内容还不充分、融合的体制还不健全、融合的人才还比较缺乏等方面。例如，湘菜与农业融合较少，各地民俗文化特色菜挖掘少、缺乏内涵式研究。许多乡村旅游地的湘菜仅仅是旅客填饱肚子的一种选择，并没有什么特色，没有真正与农业进行融合。

三、湘菜旅游融合发展的策略研究

（一）加强对湘菜文化的保护和传承

第一，建立各项机制，加大资源整合力度。组织相关领域的专家学者、政府部门工作人员深入民间，加大对传统湘菜、湘菜名人、文学艺术和民间工艺等资源的收集整合力度，发掘出湘菜文化资源的差异性。第二，引进市场机制，多渠道加大融资支持。加强商业资本和文化资本的联合，扩大社会资本，逐渐改变以政府参与投资为主体的模式，使投资渠道转向社会化和民间化，形成全方位、多元化、多形式的融资渠道。第三，树立人才机制，培养文化传承人。传承人是文化遗产的重要承载者和传递者，培养文化传承人对非物质文化资源的传承尤为重要。第四，建立湘菜标准机制，明确湘菜烹饪和服务的质量标准，打造文化品牌。

（二）推动湘菜与旅游业的深度融合

文旅产业不仅成为湖南省消费的热点，也正成为投资的重点和热点。湖南省有上市文化旅游企业达 27 家，各类文化旅游市场主体达 1.7 万家；文化旅游产业项目 1299 个，总投资 7130.2403 亿元。文化和旅游行业要充分发挥文旅融合发展的动能作用，以文塑旅、以旅彰文，不断优化产业结构，改造提升传统业态，持续培育新业态、新产品、新服务，提高产业质量效益和核心竞争力，推动产业由高速发展向高质量发展转变。

（三）深挖湘菜文化，凸出特色资源优势

1. 湘菜名人与名厨资源优势

从古至今，有许多名人与湘菜结下了不解之缘，如以清代湖湘名将，官至兵部尚书的彭玉麟之名命名的“玉麟香腰”，以民国时期湖南名宦谭延闿的字“祖庵”所得名之“祖庵菜”系列等，都是菜因名人而得名以至成为佳味名肴。与湘菜结缘的历史名人有屈原、柳宗元、韩愈、李白与杜甫等。自此，湖湘文化找到了生命的依托。新中国成立后湘菜泰斗级的厨师有石荫祥、许菊云、蔡海云等。正是有着这样一代代优秀的湘菜大师将湘菜发扬光大，使得中国湘菜才能走得更远、更具竞争力。

2. 旅游资源优势

湖南历史文化底蕴厚重、迷人的自然山水风光、神秘的少数民族风情，是湖南旅游资源的特色资源，湖湘饮食文化具有浓郁的地方特色和鲜明的民族情调。吃湘菜、品湘茶、看湘剧，开发湘菜产业旅游资源，为游客提供高质量、多品种的饮食产品，将成为旅游业发展的最基本的条件之一。

3. 湘茶、湘酒、湘绣等资源优势

在湖湘饮食文化中筛选出可以进行经济运行的、有独特文化内涵的资源，如湘酒、湘瓷、湘茶、湘绣、湘剧等，对传统文化进行符合现代审美的开发，生产出具有区域特色的湘菜文化创意产品，以市场需求为导向，通过供求及价格的平衡来提升人们对文化产品的认可，促进文化资本与经济资本的转换。研发湘菜食器，融合现代创意设计，通过整合与湘菜相关资源，提高湘菜发展内涵。

（四）建立湘菜质量标准体系

目前，我国对湘菜标准制定、修订发布的共有 2 部，即《湘菜基本术语、分类与命名》《湘菜系列地方标准》，累计耗时 4 年时间，该标准对 15 道南岳素斋菜、15 道衡东土菜以及 49 道经典湘菜的原材料产地、数量大小、制作要求、烹调方法，甚至菜品摆盘进行了精确要求。以质量标准为切入点，建立湘菜质量标准化体系，包括湘菜烹饪风味的标准化、湘菜烹饪原料的标准化、湘菜烹饪工艺的标准化、湘菜烹饪设备的标准化、湘菜评价体系的标准化等。湘菜标准化有利于稳定和提高菜品质量、烹饪工艺和服务的质量，促进湘菜餐饮企业走质量效益型发展道路，提高企业竞争力，有利于“湘菜出湘”，受到越来越多的消费者欢迎。同时，对发展湘菜产业，弘扬湘菜文化，扩大就业，促进湘菜与旅游融合发展，实现富民强省也有着重要意义。

四、结语

湘菜旅游资源的开发取得了一定的效果，但同时还存在许多问题亟待解决。本节从旅游发展的视角下，提出了建立湘菜旅游资源融合发展、引进市场、培养人才和文化创意创新等对策。推进“商贸、餐饮、文化、旅游”等相关产业的融合发展，提高

认识，从政府、商家、人才三个维度展开，以文塑旅、以旅彰文，提高产业质量效益和核心竞争力，为传承和弘扬湖湘饮食文化奠定基础。

参考文献

[1] 盛金朋 . 湘菜产业和文化创意产业融合发展策略研究 [J]. 现代商业，2019(25):67-68.

[2] 祖鹏 . 湘菜产业现状及发展策略研究 [J]. 农村经济与科技 ,2019,30(09):187-188+199.

[3] 伍先禄 . 论湖湘文化的“类”文化资源及其对外传播 [J]. 科技资讯 ,2015,13(22):6-7.

[4] 徐金龙 . 传统文化资源向现代产业资本的创造性转化——论民间文学与汉产动漫的整合创新 [J]. 湖北民族学院学报 (哲学社会科学版),2016,34(03):11-15+20.

[5] 龙芳 . 以湖湘文化塑造湘菜国际化餐饮品牌新形象 [J]. 食品安全导刊，2019(24):183-184.

[6] 彭凤英 . 新时代湖湘民俗文化“走出去”的优选策略研究 [J]. 赤峰学院学报 (汉文哲学社会科学版),2019,40(12):45-48.

基于网络大数据的湘菜消费者特征与传播策略研究

蔡振林[①]

湘菜作为中国八大菜系之一，有着 2000 多年的历史，早在汉朝就已经形成菜系，以湘江流域、洞庭湖区和湘西山区三种地方风味为主。湘菜制作精细，用料广泛，口味多变，注重香辣、香鲜、软嫩而成为湖湘饮食文化的名片。在新媒体融合发展的时代背景下，利用网络平台宣传湘菜文化，能充分调动消费者主动参与到传播过程。本文基于大数据网络平台进行湘菜消费者特征与传播策略研究，通过百度、抖音等平台指数，对湘菜消费者在性别、地域、年龄和偏好等方面的特征进行详细数据分析，并提出组团发展、有目的性内容营销、个性化定制、多渠道新媒体营销等传播策略。

一、基于大数据湘菜传播研究现状

湘菜的传播伴随着全球化和互联网的普及、湘菜饮食文化消费市场的广阔性以及消费者获取信息的渠道多元化，使湘菜文化的传播途径、传播方向、传播广度、传播方式更为广阔和多样。对湘菜传播的相关研究也是颇为丰富，学者研究主要集中在湘菜菜名的翻译研究、湘菜餐饮品牌国际化建设、湘菜产业融合发展宏观研究和湘菜的传播媒介研究这四个方面。在湘菜的翻译研究方面，熊欣、谢倩、张艳萍等对湘菜菜名的翻译原则和方法进行了研究，指出湘菜菜名翻译中存在不准确的问题。李轶聃等探讨了在湘菜翻译中融入湖湘文化有助于外国友人了解湘菜所蕴含的深厚文化因素和独特湖湘或中国文化特征。湘菜的菜名翻译工作是菜肴传播的基础，做好湘菜的翻译既需要“术”（即原则和方法），更需要“道”（湖湘文化内涵）。在湘菜的国际化传播宏观研究方面，龙芳则对湘菜餐饮品牌国际化建设的策略进行了研究，挖掘了目前存在的问题和困难，并提出了建设思路和传播策略。盛金鹏从湘菜产业和文化创意产业的关联性分析入手，研究了两个产业融合发展的可行性，同时也面临着人才缺乏、思维滞后和体制缺失等问题，并给出了融合发展的策略。龙芳分析了“一带一路”给

---

① 蔡振林（1986.10- ），男，河南信阳人，长沙商贸旅游职业技术学院湘菜学院讲师，主要从事烹饪文化、职业教育研究。

湖南餐饮企业带来的商机和挑战，并提出利用湖湘饮食文化建立国际化品牌的可行性推广策略。现有研究在湘菜的国际化传播方面研究相对匮乏，需要宏观指导，更需要从微观视角深入研究国际化传播路径、渠道、文化融合等诸多方面。在湘菜的传播媒介方面，姚梅芳依托大众点评网和清博大数据展开探讨，据平台所收集到的数据，对湖南部分本土湘菜餐饮连锁企业的微信公众号的传播力探讨得出排名前三位的是蛙来哒、味上湘菜馆、文和友。通过分析这三个企业微信公众号的内容，提出湘菜餐饮连锁企业提升传播力的对策建议。新的网络平台和渠道不断涌现，如何能够结合广大消费者特征，实现湘菜的有效传播依然亟须我们深入研究。

二、基于大数据的湘菜消费者特征和传播特征分析

（一）选取数据来源

截至 2020 年 12 月，中国互联网络信息中心在京发布第 47 次《中国互联网络发展状况统计报告》，报告中统计我国网民数量高达 9.89 亿元，占全球网民的五分之一，互联网普及率达 70.4%，高于全球平均水平。网络购物用户规模达 9.27 亿元，2020 年交易规模达 11.76 万亿元，短视频用户规模为 8.73 亿人。值得一提的是，网络扶贫为我国全面建成小康社会提供有力支撑，贫困村通光纤比例达 98%，电子商务进农村实现 832 个贫困县全覆盖，学校联网加快实施、在线教育加速推广，全国中小学互联网接入率达 99.7%；庞大的网民构成了中国蓬勃发展的消费市场，也为湘菜的网络营销推广提供了更为广阔的平台。在网络检索平台，据中国互联网网络信息中心数据显示，2019 年，国内搜索引擎品牌用户渗透率前三名为百度搜索引擎、搜狗搜索引擎和 360 搜索引擎，占有率分别达到了 90.9%、53.5% 和 46.1%。因搜狗搜索指数平台处于未开放状态，本文选取百度和 360 两大网络检索平台，对消费者的特征和传播途径进行分析。

（二）基于网络大数据的湘菜消费者和传播特征分析

以湘菜为例，本研究选取在过去一年 (2020 年 2 月 21 日至 2021 年 2 月 20 日）湘菜的消费者地域分布、年龄、兴趣分布情况进行分析。

1. 地域分布城市均为一线化

基于三个指数数据，从湘菜的消费者人数的省份分布来看，前十名省份中，广东、湖南、江苏、浙江、山东这 5 个省份稳居各数据来源，北京、河南、四川出现在 2 个数据来源，上海、河北、黑龙江、山西、新疆、辽宁、湖北、江西、陕西出现在 1 个数据来源。由于 360 搜索湘菜城市消费人数排名缺少，故而仅统计百度和今日头条的数据。在湘菜消费者人数的城市排名前 10 名的城市中，长沙、深圳、北京、广州、上海、成都、东莞、西安 8 个城市位列两个数据中，杭州、郑州、重庆、武汉 4 个城市仅出现 1 次，其中按照最新公布的一线城市名单，以上城市均为上榜城市，此特点与一线城市人口数量基数大、消费者信息化程度高等因素密切相关（见表 4-3）。这为湘菜巩固一线城市和区域选择的营销推广指明了方向。

表 4-3　湘菜消费者地域分布特征

排名	省份				城市		
	百度指数	360 指数	今日头条	抖音指数	百度指数	今日头条	抖音指数
1	广东	广东	广东	广东	北京	深圳	重庆
2	湖南	湖南	湖南	江苏	长沙	长沙	北京
3	北京	北京	江苏	浙江	深圳	广州	苏州
4	江苏	黑龙江	湖北	山东	广州	上海	西安
5	浙江	江苏	河南	湖南	上海	东莞	深圳
6	山东	浙江	四川	四川	杭州	成都	广州
7	河南	山西	浙江	福建	东莞	西安	东莞
8	上海	山东	江西	河南	成都	重庆	长沙
9	河北	新疆	山东	陕西	郑州	武汉	上海
10	四川	辽宁	陕西	广西	西安	北京	成都

2. 年龄分布集中化，性别分布男性略高于女性

基于三个指数数据，从湘菜的消费者人数的年龄来看，湘菜的消费者人群主要集中在 20 岁至 50 岁之间，该年龄段的占比超过 70%；从湘菜的消费者人数的性别来看，百度和今日头条指数显示男性消费者（约 60%）的比例高于女性（约 40%），360 指数女性与男性占比分别为（50%）。这就为我们开展有指向性的人群营销提供了方向。

3. 兴趣分布时代化和娱乐化

基于三大指数数据，从湘菜消费者兴趣分布来看，湘菜消费者人群的兴趣主要集中在娱乐、社会资讯、直播平台、游戏等方面，这就为我们传播途径的选择提供了方向。除此之外，百度作为渗透率最高的网络搜索平台，基于湘菜消费人群按照兴趣度高低依次为影视音乐、游戏、资讯、教育、医疗健康、软件应用、书籍阅读、餐饮美食、旅游出行、休闲爱好。通过进一步深入挖掘，可以得出（详见表 4-4)，在影视音乐方面，湘菜消费者的兴趣主要集中在电影、音乐、电视剧、影音 App、动漫、综艺、直播、戏曲曲艺、纪录片、广播电台等；在医疗健康方面，主要是健康、养生、就医偏好、医疗机构、服务、器械和整形美容；在教育培训方面，排在前三位的是全日制教育、基础教育和语言学习；在资讯方面，主要是科技资讯、社会时政、网络奇闻等；在软件应用方面，社交通讯、系统工具、生活实用排在前三位；在餐饮美食方面，关注度在前四位的是菜品、水果蔬菜、口味、烹饪和菜谱。在旅游出行方面，国内游、远途旅行和景点是其重点关注的；在书籍阅读方面，网络小说、文学、书籍排在前三位；在金融财经方面，银行、保险、贷款位列前三。这些数据为我们在宣传内容和阵地、以及平台选择关联方面指出了更为清晰的方向。

表 4-4 百度指数人群兴趣分布特征

兴趣排名	影视音乐	医疗健康	教育培训	资讯	软件运用	餐饮美食	游戏	旅游出行	书籍阅读	金融财经
1	电影	疾病	全日制学校	科技资讯	社交通讯	菜品	游戏	国内游	网络小说	银行
2	音乐	养生保健	基础教育科目	社会时政	系统工具	水果蔬菜	模拟辅助	远途出行方式	文学	保险
3	电视剧	药品	语言学习	网络奇闻	生活实用	口味		关注景点	关注书籍	贷款
4	影音App	就医偏好	考试培训		影音图像	烹饪和菜谱		景点类型	人文社科	股票
5	动漫	医疗机构	高等教育专业		办公学习	休闲小食		酒店	科技	信用卡
6	综艺	医疗服务	K12 课程培训		手机美化	酒水		交通票务	经济管理	银行业务
7	直播	整容整形	艺术培训			品牌偏好		旅游网站的偏好	报纸杂志	外汇
8	戏曲曲艺	医疗器械	技能培训			菜系		出国游	少儿	基金
9	纪录片		留学			喝茶		本地周边游	励志成功	贵金属
10	广播电视台		家教			餐馆档次		旅游方式	艺术与摄影	债券

（三）湘菜的消费特征分析

基于百度指数数据本研究选取湘菜为对象，对其消费者进行分析，使湘菜的传播更加具有方向性。鉴于百度指数数据渗透率高达 90%，故而本部分选取百度指数进行重点分析。由于百度数据中，仅有剁椒鱼头、毛氏红烧肉、辣椒炒肉、腊味合蒸、麻辣仔鸡五大菜品，因此本文就以此五道经典湘菜为代表进行分析。

1. 经典湘菜关注度呈现较大差异化

基于百度指数数据，从五大经典湘菜消费者的省域和城市分布特征来看，辣椒炒肉、剁椒鱼头、毛氏红烧肉、腊味合蒸的搜索数据整体更高，而麻辣仔鸡相关搜索数据普遍偏低，山东、河北、广东、河南五大经典湘菜各项搜索数据均较高，北京、深圳、上海、广州经典湘菜的消费者搜索数据均较高。

2. 经典湘菜消费者年轻化和兴趣娱乐化

基于百度数据，五大经典湘菜，从年龄来看，主要集中在 20 ～ 50 岁之间；从性别来看，男性消费者的关注度更高；从消费者的兴趣分布来看，从高到低依次为电影、电视剧、音乐、影音 App、综艺、动漫、直播、戏曲曲艺、纪录片、广播电台，其中电影、电视剧、音乐的兴趣度普遍较高。

三、基于消费者特征的湘菜传播策略

（一）组团发展，共同促进传播湘菜的品种

据《湘菜大典》不完全统计，菜肴数量有近五百种。数量如此巨大的湘菜，真正为人们熟知并接受的却非常有限，这也进一步为湘菜挖掘提供了巨大的空间。在湖南省湘菜餐饮行业协会的促进下，全国各一线城市纷纷成立湘菜餐饮行业协会分会，定期开展相关的湘菜美食文化交流活动，扩大湘菜在一线城市的影响，湖南日报成立的大湘菜报对活动进行了广泛的宣传，促使一线城市的湘菜餐饮品牌故事得到更广的认知，被更多的同行所接受，走出的湘菜企业积极抱团共同开拓著名湘菜餐饮品牌。利用长沙网红城市的效应，如利用“茶颜悦色”网红茶饮促进湘菜的传播，在深圳文和友开业时，茶颜悦色的深圳快闪店开业支援，打出了长沙本土品牌的组合拳。

（二）结合消费者偏好个性，开展目的性内容营销

鉴于湘菜消费者具有明显的地域差异性、城市一线化、消费者年轻化和兴趣娱乐化的特征，可以开展具有针对性的地域特色营销和内容创作营销。一方面，结合地域特色，促进湘菜的融合发展。可以结合湘菜主要消费城市的文化和资源特色，在保留湘菜文化核心基础之上合理吸收地方文化元素，实现湘菜的“落地生根，开花结果”，如“文和友”广州店，结合广州当地特色，融合当地特色小吃，融入特色湘菜，对于湘菜的传播和发展起到了积极作用。另一方面，结合年龄和兴趣特征，传播内容创作与湘菜文化有机结合。结合消费者年龄呈现出年轻化和兴趣娱乐化的特征，在进行湘菜营销传播时，要凸显湘菜的特色，充分发掘湘菜的文化元素，同时要密切结合广大中青年消费群体的文化喜好，如融入科技元素、传统文化元素和地域文化元素，提升宣传吸引力；湘菜的传播内容创作，结合广大青年消费者喜欢电影、综艺节目、纪录片、互动体验、时事热点等方面，与上述创作有机融合，既可以提升相关作品的文化内涵，同时也可以提升湘菜的传播力，达到相得益彰的效果。湖南卫视播出的《傲娇的湘菜》纪录片节目，网上关于“傲椒的湘菜”等微博话题阅读量突破 2.2 亿次。

（三）不断创新，个性化定制，满足不同消费者口味需求

消费者口味、需求因时而异，不断发展变化，同时，伴随着国际化的进程不断加快，如何更好适应时代发展和消费者口味是未来湘菜传播和发展所面临和思考的问题。基于湘菜美食节、湘菜美食文化博览会、千年湘菜文化展活动、市州湘菜美食节和民间各种家常湘菜版本和大数据得出消费者特征，发现湘菜传播在新时期发生了较大的变化。而伴随着我国老龄化阶段到来、健康生活意识的加强和湘菜走出湖南、走出国门，湘菜既要做好文化传播和传承，更需要与时俱进，不断研发新湘菜，提供个性化定制服务满足消费者口味和偏好。如依据不同的消费人群，可以开发食疗养生湘菜、创新湘菜、中西合璧湘菜、个性定制服务等类型，这样才能更加有利于湘菜的传播和发展。

（四）投其所好，选用多渠道新媒体营销

截至 2020 年 12 月，我国网民数量达到了 9.89 亿人，越来越多的营销渠道直面而来。基于消费者的年轻化和娱乐化的特征，一方面，湘菜传播可以通过一些媒体平台

进行传播，如美团、哔哩哔哩、抖音、微博、点淘、大众点评等专门销售或者直播平台进行营销传播；另一方面，自媒体时代，人人皆可营销，结合自媒体特色，将消费者转变为传播渠道，这将起到事半功倍的效果。

四、结语

本节基于百度、360、今日头条大数据，以湘菜消费者特征为研究对象，构建了一个囊括了至少10亿以上人口的消费者的数据来源和评价指标。基于这一大数据来源，发现湘菜的消费者在地域上呈现出集中性、城市上呈现出一线化、年龄上呈现出年轻化、兴趣上呈现出娱乐化和时尚化的特点。基于上述特点，本文提出组团发展、有目的性内容营销、不断研发新湘菜个性化定制和采用多渠道新媒体营销等途径和策略来推动湘菜的传播和发展。此外，考虑到中国网民以中青年为主，20岁以下占14.94%，所以本文结论对于19岁以下的湘菜消费群体的适用程度，仍需谨慎对待。因此，未来需要对湘菜的消费者予以更为细致的分析，随着老龄化的加剧，老年人的行为特征也有必要单独讨论。

参考文献

[1] 熊欣 . 湘菜名翻译与湘菜产业国际化 [J], 英语研究 ,2012,10（04）:42-44.

[2] 谢倩 . 舌尖上的湖南——《湘菜》英译实践报告 [D], 湘潭大学 , 湖南湘潭 ,2014,1-69.

[3] 张艳萍，张伟平 . 湘菜菜名英译原则及策略——以衡阳美食小吃菜名英译为例 [J], 海外英语 ,2018,(14):165-166.

[4] 李铁聃，李广践 . 显性翻译视域下应用翻译研究——以湘菜菜名翻译为例 [J], 湖南工业职业技术学院学报 ,2020,20(04):36-40.

[5] 龙芳 . 湘菜餐饮品牌国际化建设的对策研究 [J], 现代食品 ,2019,(17):6-9.

[6] 盛金鹏 . 湘菜产业和文化创意产业融合发展策略研究 [J], 现代商业 ,2019（25）:67-68.

[7] 龙芳 . 以湖湘文化塑造湘菜国际化餐饮品牌新形象 [J], 食品安全导刊 ,2019,24:183-184.

[8] 姚梅芳 . 湖南本土湘菜餐饮连锁企业微信公众号传播力提升研究 [J], 南宁职业技术学院学报 ,2020,25(03):12-17.

[9] 张辉辉，高静 . 基于网络大数据的川菜消费者特征与传播策略研究——以十大经典川菜为代表 [J], 四川旅游学院学报 ,2020,(05):22-25.

多元现代性下长沙市湘菜馆环境营造和顾客感知研究

林俊帆[①] 李默涵[②]

随着改革开放不断发展，人民生活水平迅速提高、城市化进程也在快速进行。湘菜现代化发展不仅体现在用料、烹饪手法提升和创新，也体现在各地湘菜馆迅猛发展。湘菜馆已经成为国内餐饮行业一道亮丽风景线。餐厅环境和氛围营造是餐厅发展和顾客体验重要组成部分。以长沙为案例地，借助大众点评数据，本文研究问题是：长沙市湘菜馆环境和氛围有哪些主要类型？在顾客角度餐饮环境现代性意味着什么，有哪些感知？在现代流动背景下，顾客有哪些要求和诉求？这些问题的研究有助于：（1）在城市层面，为餐饮行业产业发展提供启示；（2）在餐厅发展方面，对餐厅环境和氛围营造方法提供建议。

一、文献综述

在餐厅研究中，环境和氛围紧密结合，氛围是“某服务设施中与内外部环境相关，对顾客施有情感和生理影响的可控项集合”。环境和文化氛围包含就餐、视觉、装潢、艺术引发联想，因而需要关注顾客感知、审美、情感和需求等主观要素和内容。简单来说，餐厅环境包括由餐厅装修设计、内外部设施等形成的物质空间和由物质空间和服务员、经理等营造的氛围组成。

餐厅和顾客在环境和氛围上发生互动。从餐厅供给角度，现代餐厅包含简约大气的中式餐厅、国际时尚的西式餐厅、优雅的咖啡厅、低调的茶餐厅、张扬的酒吧，包含融入自然环境的生态餐厅、富含特色和主题文化的主题餐厅。各种类型的餐厅体现着不同功能定位、文化特征和空间设计风格。对于现代餐厅来说，优雅环境和恰当服务是重要组成部分；餐厅通过提供优质服务满足顾客需求，从而营造环境和氛围、意境，提升顾客感知和满意度。从顾客需求角度，随着改革开放和现代化进程，以白领族为

① 林俊帆（1990.10- ），男，广东韶关人，扬州大学旅游烹饪学院讲师，中山大学旅游学院博士后，研究方向饮食地理和美食旅游。

② 李默涵（1984.10- ），男，江苏无锡人，广东财经大学地理与旅游学院讲师，主要从事消费者行为、流动性与旅游社会学等方面的研究。

代表不断壮大的现代顾客群体提升对“食”的要求，不仅讲究特色，而且重视品位和环境，重视进食的精神享受。顾客对现代餐厅环境提出新的诉求，希望在舒适氛围中享受环境。

多元现代性理论是由已故的以色列社会学家 Eisenstadt 提出，是对经典西方现代理论的一个补充。该理论关注不同社会和人群对于现代化的理解和回应，强调不同地方和区域的现代性发展动力、模式和结果的区别。其认为现代化一直在变，甚至存在“自相矛盾”，如传统内容的改造、加工和再利用，是现代化发展重要方式。在这个过程中，历史记忆和文化认同重新被唤起。

多元现代性理论对于餐饮现代化研究有多方面启发。第一，关注多元化种类和策略、餐饮实践。第二，关注混合、模糊、灵活的餐饮意义和认同。Caplan(2003) 强调现代化餐饮过程中人的情绪和经历，他解释道，“对食物的研究要考虑（人们产生的）风险、信任和怀疑，道德和权利，对进步和未来的态度，对记忆、怀旧和过去的看法”。第三，在现代化背景下，新的工作生活方式和节奏影响甚至决定餐饮现代化方式或结果。虽然，餐饮现代化或“现代餐饮”广为人知，然而其理论构建仍比较欠缺。本文从餐厅和顾客互动角度，探讨现代化背景下餐厅环境氛围类型、表现形式和顾客对其感知、回应及诉求。

二、数据来源

本文使用 Python 爬虫程序，在大众点评网站获取长沙市内各个湘菜餐厅信息，爬取字段主要是餐厅名称、顾客评论和喜欢的菜，环境和服务评分。具体收集时间为 2021 年 1 月 24 日至 25 日。本文爬取获得 746 个餐厅信息，每个餐厅 8 条顾客评论和他们喜欢的菜。分析工具包括 Excel 和词频分析软件 ROST-CM6。

三、餐厅环境和氛围

经历改革开放后 40 多年发展，长沙湘菜馆更加繁荣，提供多种多样符合现代顾客品位的环境和氛围。本节从装修风格和氛围营造来解读长沙湘菜馆环境的表现形式和实现途径。

（一）餐厅环境和氛围的表现形式

多样化装修风格是现代长沙湘菜馆一个重要特点，体现其改造和演化。淳上夜游社（韭菜园店）体现的是现代工业风，内部各种钢制结构、栏杆、座椅和装饰，结合红砖墙面。2605家菜馆（五一广场店）采用大量绿色和蓝色涂装和花花草草、花瓶、信箱等装饰，打造小清新风格。五溪红小子·麻辣小龙虾（解放西路店）以喜庆的大片红色为主色调，配置红灯笼、国潮壁画、二次元公仔等，打造吸引年轻人的国潮风。沸沸茗品打造成古代客栈样子，利用大量木材建造楼梯和走廊，采用八仙桌、木门和木窗等木制家具和装饰，打造古色古香江湖客栈风。柴火灶（湘味明灶），把农村家具搬进来，同时配备农村柴火土灶和现代厨具，在提升整洁卫生程度的同时，展现现代农家小院风格。

氛围营造体现丰富性和细致特征，也体现餐厅致力于追求独特性。如在打造农家特色风格上，老许家·大蒜炒腊肉（洞井路店），在进门的整片墙挂满腊肉，门右手边提供现煮鲜牛奶和粥类，从味道方面（浓郁腊肉香）突出特色；瓦舍酒香柴火鸡（新开铺店）采取现代工艺改良农村柴火灶，达到了在顾客面前现炒也完全没有油烟的效果；王捌院子（长沙店）利用远离市区区位特点，利用水雾喷头营造烟雾缭绕氛围，着力打造小桥流水人家的雅致环境，助力打造抖音网红店。在营造诗情画意意境上，画意江南茶餐会馆利用假山、鱼池、花草树木、茶台书画、卷帘打造江南园林世界；灌溪村摆满仿古物料，利用各式灯笼、印有吉祥物图腾的青瓦墙、古诗词投影、官帽椅，营造古典优雅效果。在接受外来影响方面，北二楼口味大排档·牛久记烧烤店采取港式装修，时间仓（芙蓉广场店）则是西餐厅环境。这些丰富元素和内容展示着餐厅环境的细节。

（二）餐厅环境和氛围的实现途径

从长沙湘菜馆案例分析中可以发现，建筑和装修风格、表演、服务、氛围等运用实现很多餐厅消费空间再生产，刺激顾客强烈愉悦感。如长沙超级文和友通过对建筑形式及其元素表现重塑20世纪80年代老长沙社区的地方特性，赋予消费空间更丰富与多元化意义和象征，从而通过文化生产打造一个富有想象的空间。相比之下，其他一些餐厅，尤其是位于芙蓉路的57℃湘则走现代、时尚路线，通过室内装潢、厨师表演等方式构建欢快氛围，令许多顾客，尤其是年轻顾客流连忘返。

装修风格和氛围营造体现混合技法以及对传统内容再利用的重要手段，利用现代技术、加强卫生管理，对传统、农村和自然元素升级改造，融入现代餐厅装修和氛围营造之中。这些案例说明餐厅环境现代化不仅仅包括多样性特征，而且包括丰富性、细致和细节特征。

四、顾客感知

利用词频分析软件 ROST-CM6 分析大众点评评论，发现前 20 个最高频词汇中，包含“服务”“环境”“服务员”“位置”“装修”等环境和氛围相关词汇，而且“服务”“环境”分别排在前二。由此说明，在长沙湘菜馆顾客评论中，对于服务和氛围感知占据着很重要地位。

（一）服务和环境

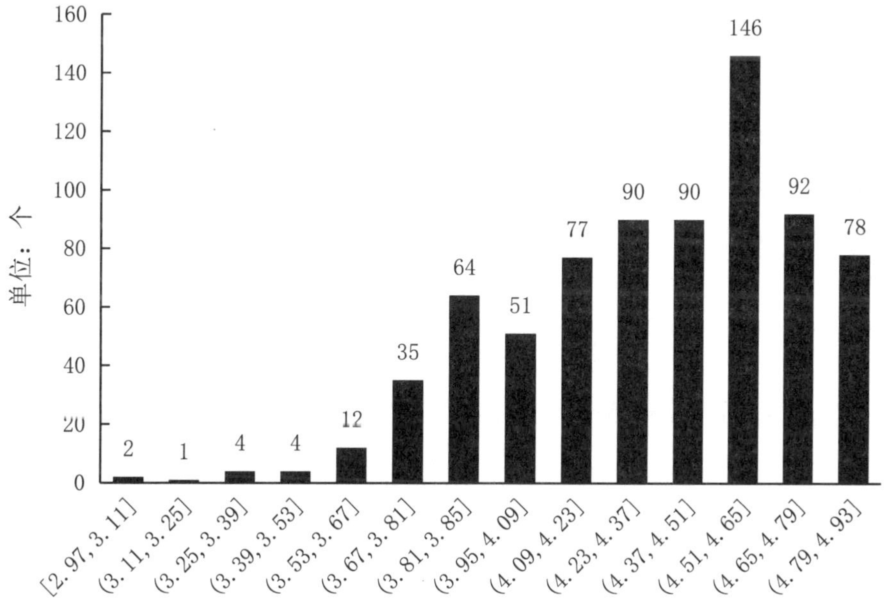

图 4-1　长沙湘菜馆环境打分区间分布

顾客对于餐厅环境和服务评分是顾客环境感知的重要体现。根据 746 个餐厅环境和服务打分[1]，可以看出长沙市湘菜馆环境和服务总体水平。结果显示顾客对于长沙各湘菜馆环境满意度处于较高水平，平均为 4.36 分。具体分布如图 4-1 所示，环境打分大部分在 3.67 分～ 4.93 分之间，而且最集中区间是 4.51 分～ 4.65 分。大脑壳餐馆环境得分最低，为 2.97 分；伍厚德堂（坡子街店）得分最高，为 4.93 分。

顾客对于长沙各湘菜馆服务水平满意度较高，平均为 4.31 分。具体分布如图 4-2 所示，服务打分大部分在 3.62 分～ 4.92 分之间，而且最集中区间是 4.53 分～ 4.66 分。火宫殿（五一东路店）服务得分最低，为 2.97 分；有味村农庄得分最高，为 4.92 分。

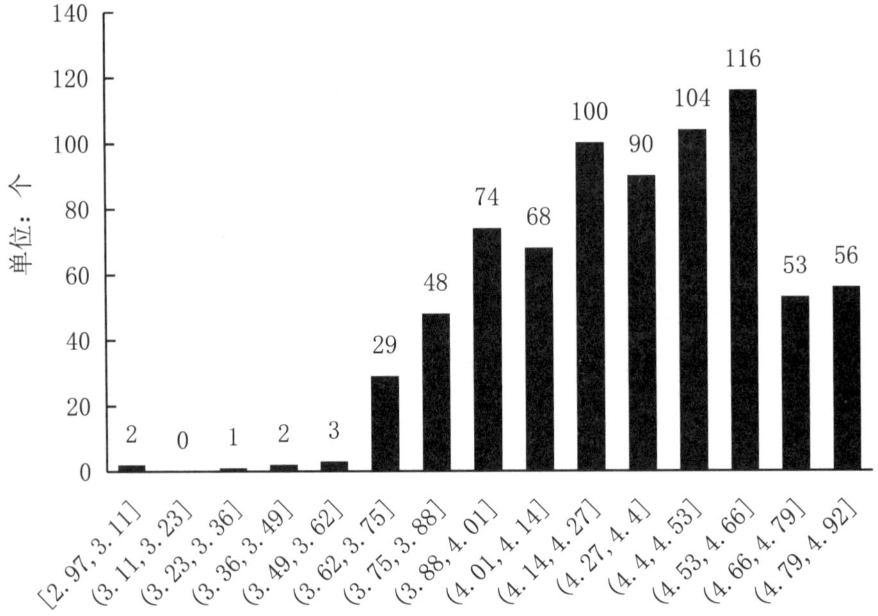

图 4-2　长沙湘菜馆服务水平打分区间分布

大众点评评论同样证实顾客对长沙各湘菜馆在服务和环境满意度处于较高水平。在长沙湘菜馆案例中，餐厅为环境和氛围营造的措施和服务员提供的优质服务给顾客留下深刻印象。为了解决排队困扰，服务员在现场进行协调和安抚工作，部分餐厅服务人员会推着小车为排队顾客提供可乐、雪碧等饮品和各种小零食；停车方面，餐厅主动安排免费停车位的措施得到顾客点赞；落座点餐方面，部分餐厅服务员全程引领，基本做到有求必应。有个评论特别赞赏“服务员都是有活力的年轻人，朝气蓬勃的感觉”，有个餐厅在“吃饭中途，餐厅经理会带着歌手进来献唱一曲祝福大家”。

[1] 顾客对于环境和服务打分的数值为 0 ～ 5 分。

特别表演能够增加整体环境感知。如在乡村柴火灶台鸡（艾美潇湘店），人们在大厅就能听到戏曲和花鼓戏，感受湖湘特色。高质量装修实现顾客满意度提升目标。麓湘小镇（开福万达广场店）虽然装修简约，但顾客感受到品质。带卡座和包厢的餐厅装修保护隐私性而受到欢迎。钰湘宴 · 剁椒鱼头（五一广场店）带有 270 度落地窗，每次放烟花时顾客能看到超棒景观。

（二）情感和多知觉体验

服务和环境唤起顾客诸多情绪，“热情”“舒服”“热闹”等几个高频词汇反映顾客在湘菜馆的积极切身体验。暖色调温馨布置店铺给人舒心感觉。在田小狗的饭店（碧桂园店），有个评论是“店里的服务真心不错，热情周到落落大方，给人很亲切的感觉”，而且该餐厅给顾客留下老长沙大排档感觉，让本地客人感到熟悉；在白果园 31 号公馆，有个顾客评论道“这个餐厅再次勾起我对长沙的一切美好回忆”。

人本主义地理学家段义孚先生在《空间与地方：经验的视角》一书中认为，视觉、听觉、嗅觉、味觉和触觉能够有效地让人们了解发生在他们周围事情。此外，一些顾客甚至认为食物美味甚至可以弥补餐厅环境某些不足之处。某顾客在社交网络上评价道，“口感细腻的茄子咸蛋黄、软糯的老长沙糖饺子、爽辣下饭的孜然牛肉不断给他惊喜，让他暂且忘记了鲁哥餐厅嘈杂的环境”。相比之下，如果餐厅环境很好但菜品一般，则往往会获得顾客“华而不实”“令人失望”的评价。由此可见，不同于一般观光产品，虽然环境感知成为顾客在长沙湘菜馆多知觉体验的重要组成部分，但是食物味道仍然是湘菜馆吸引力的灵魂。

五、顾客要求和诉求

上一节讨论了顾客对餐厅环境和氛围的被动感知，本节分析顾客就餐厅环境方面的主观需求。通过分析顾客要求和诉求，长沙湘菜馆可以进行针对性地提升、找到营造餐厅环境和氛围的方法，以更好地服务顾客。

（一）设施和整体环境需求

大众点评上，长沙湘菜馆顾客在设施方面提出一系列与时俱进需求。最明显的是停车设施：顾客点赞提供免费停车、专人停车、便利停车等设施的餐厅。在内部设施方面，顾客认为卡座很舒服且方便闺蜜朋友聊天，餐厅应设置更多卡座；热门餐厅需要提供更多座位，满足顾客不想排队意愿；唱歌设施、USB插座等也受到欢迎，满足顾客娱乐和随时充电的需求。另外，露天空间是设施升级改造方向，桃源集白隐餐厅有条评论："有露天座位，夏天的时候可以享受新鲜空气。"

在现代化背景下，顾客对餐厅整体环境提出新的诉求。在疫情冲击下，干净整洁更加被重视；高端和美观、典雅和雅致、时尚和古色古香、小资和温馨餐饮环境受到顾客欢迎。同时，长沙地方特色一样重要，顾客肯定"老旧的老长沙市井风""老式的长沙风""最美最湘"。大众点评评论显示出顾客对多元化整体环境的兴趣：精致和讲究、诗情画意、安静不喧闹、静谧美好、安静私密、家常而古典、文化气息、清爽、小情调等。

（二）顾客诉求

对环境和氛围的诉求与顾客工作、生活节奏相关。如出于公司和工作需求，模仿故宫建造的西湖楼由于场地大以包厢为主，特别喜庆，适合开展商务接待和团建聚餐。女性顾客想要适合几个姐妹惬意聊天聚会的餐厅环境；顾客也希望营业时间能够拉长，这样他们可以聊到很晚。在曾娭毑酒楼网红打卡餐厅，顾客可以追星；在西湖景里餐厅，顾客"乘着好天气游园享受美食和悠闲的一天"。

对环境和氛围的评论体现顾客个人需求。新颖布局适合拍照的朋友，如金斯基kingsky网友在费大厨辣椒炒肉（7mall店）评论："网红店的环境自然很好啦，大堂明亮，采光都透着拍照的绝佳角度。"文艺范的桃源集白隐可办婚礼、适合情侣约会。对环境和氛围的评论也体现顾客个性化兴趣。部分顾客喜欢古典音乐、喜欢出品间透明玻璃、吃饭皇帝大（泊富店）有味道的开放式厨房；部分顾客是颜控，喜欢南景饭店（迎宾路店）全透明质地茶水壶；部分顾客就是冲着前行公馆翠园十八号的鹦鹉而来。

针对餐厅环境氛围，顾客还表达额外的情感和期望，包括舒适自由、自由选择、高规格和仪式感、怀念和期望、融入大自然、心情愉悦、惊喜和探险、熟悉和安心等主观感觉和更加个性化的追求。顾客表达赏景愿望，如一个评论如此写道："午后的阳光放肆地笼罩在远处的麓山之巅，然后从麓山东坡倾泻而下，洒满整个江面。"糖油粑粑1212网友在涂氏小杯茶江景餐厅（天心区店）引发包含拂面秋风、北去湘江、橘子洲头、毛主席少年英雄形象元素在内的个人联想。

（三）对服务提出新的需求

现代餐厅中服务员在提高顾客满意度和营造氛围占据越来越重作用，顾客对服务员提出多种贴合自身内心和行为的需求。周到、热情（好客）、礼貌、真诚、态度好、耐心、细心、贴心、主动、灵活、实诚、积极、注意细节、到位、温柔、放心等服务员和经理（甚至老板）的特质和他们提供的服务为顾客所赞赏。优质服务还包括服务员训练有素、满脸微笑、察言观色、温馨推荐、私人服务等行为。

六、结语

借助多元现代性理论，本节以长沙众多湘菜馆为案例研究餐厅环境营造和顾客感知话题，得出三个结论。第一，餐饮环境现代化不仅体现在多种多样风格，而且展现丰富性、细节特征；长沙众多湘菜馆不仅通过装修风格、表演、服务、氛围等多种途径提升或改造餐厅环境，而且利用丰富内容来实现独特性和展示细节。第二，餐厅为环境和氛围营造的措施、服务员提供优质服务和高质量装修是顾客对餐厅环境感知的重要方面，在此基础上唤起顾客情感。第三，不仅是被动感知，就设施和整体环境，现代顾客表达出一系列与时俱进的需求和诉求，餐厅环境和氛围营造需要考虑到现代工作和生活节奏、个性化需求和追求。

由此可见，为了提升顾客消费满意度，长沙湘菜馆和湘菜行业产业在营造环境和氛围采取措施包括：增加创意、做好装修和餐饮设施，向顾客展示丰富内容；更多地聆听顾客内心，考虑他们个性化追求和多元化需求；对服务员进行专业化培训，增强贴合顾客内心的服务水平。

参考文献

[1] 许菊云 . 新时期湘菜的发展与创新 [C]//2003 中国餐饮业发展战略研讨会论文集 ,2003:107-109.

[2] 陶文静 . 厦门主题餐厅的文化氛围营造研究 [D]. 厦门 , 华侨大学 ,2014.

[3] 毕吕贵 . 传统菜系的现代化开发路径——以曲阜国宾馆孔府系列食事研发为

例 [J]. 饭店世界 ,2011.

[4] 常彦如 . 徽州建筑文化在餐饮空间设计中的应用研究 [D]. 长春 : 长春工业大学 ,2020.

[5] 李耀栋 , 佟建呈 . 现代餐饮空间设计的创意展现 [J]. 艺术设计 ,2017,90.

[6] 赵静 , 李岳麟 . 现代主题餐厅的设计 [J]. 明日风尚 ,2018,10:106.

[7]Kim, Kwang-ok. Consuming Korean Tradition in Early and Late Modernity: Commodification, Tourism, and Performance [M].Laurel Kendall, ed. Honolulu: University of Hawai'i Press, 2010.

[8]Caplan, Pat. Local Understandings of Modernity: Food and Food Security on Mafia Island, Tanzania[R].The Tanzania Commission for Science and Technology (COSTECH):2003.

[9] 谢晓茹 , 封丹 , 朱竑 . 对文化微空间的感知与认同研究——以广州太古汇方所文化书店为例 [J]. 地理学报 ,2014,69(2):184-198.

[10]Tuan,Y.Space and Place: The perspective of experience[M].University of Minnesota Press,1977.

[11] 段义孚 . 人文主义地理学之我见 [J]. 地理科学进展 ,2006,25(2):1-7.

基于居家消费场景的湘菜预制菜产业发展研究
——以长沙市为例

吴维[①] 谢劼[②]

20世纪90年代末，湖南湘菜预制菜在餐饮市场崭露头角，在全国来说，湖南是起步最早的。经过几十年的发展，目前已催生培育了一批行业龙头企业，规模预制菜加工企业逾100家，主营收入超100亿元以上。高桥、红星、海吉星（原马王堆）等市场已形成预制菜批发地，浏阳两型产业园已形成湘菜预制菜主题产业园区。毫无疑问，在湖南，预制菜已经是湘菜产业化的一个代表。2020年，预制菜的市场潜力被激发，渐渐从B端到C端走入更多消费者家庭，盒马CEO侯毅认为，如何让产品在消费者家中成为美味佳肴，是餐饮业未来最大的一个增量市场。当下突然崛起的湘菜预制菜居家消费的底层驱动因素主要有新冠肺炎疫情的暴发、消费者生活方式的变革和电商新零售平台的飞速发展。新增长背后还需厘清三个问题，即湘菜预制菜居家消费的现状、居家消费需求的真伪、发展优势和短板，这样市场参与方才能好好把握湘菜预制菜客观存在着的机会点，从产品品质化、品类精细化、服务定制化三方面寻求基于居家消费场景的湘菜预制菜产业发展路径。

一、湘菜预制菜居家消费的驱动因素

（一）消费者生活方式的变革成为湘菜预制菜走进家庭厨房的新支点

随着生活节奏的加快，对于忙碌于工作的年轻人，在家做一顿家常便饭已日渐成为奢侈。同时女性越来越多地由家庭走向职场，家庭烹饪时间总体减少，甚至做饭时间已经或正在成为一项需要计算的重要生活成本。据食品消费观念转变趋势相关调查显示，有67%的人认为传统烹饪复杂烦琐，90%可以接受速冻方便主食，18岁至30岁年龄段仅有9%的人表示享受烹饪的快乐。同时，“宅经济”已迎来高光时刻，随着

[①] 吴维（1984.5- ），女，湖南长沙人，长沙商贸旅游职业技术学院助教，主要从事现代教育技术、创业就业与湘菜预制菜发展研究。

[②] 谢劼（1968.6- ）女，湖南长沙人，长沙商贸旅游职业技术学院副教授，主要从事招生就业与湘菜产业发展研究。

年轻人的愈加"懒宅",预制菜的购买率将大幅提升。80、90后成为这个时代的消费主力,这群人对产品品质的要求日渐突出,对于烹调便携的认同日渐提升。2020年天猫数据显示,预制菜销量同比增长111%,自热火锅等新式方便速食销售增长超过50%,预制菜需求稳步上升。

而另一方面,无论是外出就餐还是点外卖,与在家就餐相比,都存在卫生状况和食品安全的隐患。特别是对于已婚家庭,居家就餐是大部分时间的选择,这样能与家人一起创造增进感情的和谐氛围。同时,最重要的是,基于消费者忙碌的工作状态,需要平衡烹饪的时间效率和味道,便捷的预制菜满足了消费者需求,于是越来越受到消费者的欢迎。

(二)疫情成为湘菜预制菜快速进入家庭餐桌的催化剂

2020年的疫情给餐饮行业带来了巨大损失,全国餐饮收入增速相较上年同期下降26%。民众对传染性疾病加倍恐慌,对于饮食,特别是公众场合下的饮食提出了更高的卫生和质量要求。餐饮市场的消费行为发生了天翻地覆的变化,"宅经济"迅速带动新型居家消费模式。2020年,全国网上零售额比上年增长10.9%,增速比前三季度加快1.2%。

同时,疫情也成为驱动预制菜快速发展的催化剂。预制菜区别于一般现炒现烹的菜式,只需简单加热或蒸炒就能直接使用,异常便捷,疫情的发生提升了消费者对预制菜的认知。疫情是把双刃剑,是危机也是商机,部分餐饮企业为了"自救"和迎合居家消费场景,除了推出特定的外卖,也做起了预制菜,如将预制菜融入年夜饭市场。预制菜确实给餐饮企业带来了新的业务增长点,为餐企拓展了居家就餐场景的市场。据欧睿数据显示,我国预制餐食市场2020年体量约463亿元,消费量为183万吨。疫情暴发之初,天猫平台预制菜销售额相较去年同期同比增长70%,部分品牌增长超400%,在火爆的直播带货中,预制菜也赚足了眼球。

(三)电商新零售平台成为培育湘菜预制菜直达C端的快速跑道

移动支付的普及和线上消费习惯的养成,为预制菜企业布局C(消费者)端线上销售渠道提供了良好的外部条件。电子商务是一种全新的现代化经济形态,能将传统的市场、商品和消费者有机整合,置于统一规范的公共平台中管理并进行资源的合理配置。不但增进了供需两侧之间的良好互动，而且还能够将新技术、新模式、新业态与传统行业融会贯通，提高整体的营销质量，更好地促进传统产业快速升级。同时，以盒马鲜生为代表的新零售业态，让“餐饮零售化”有了更清晰地展现。

近些年，电商新零售平台正在成为预制菜新的销售渠道。同时，物流行业飞速发展，竞争也愈发激烈，为预制菜互联网销售创造了更加有利的环境。电商新零售深度影响了消费者的消费方式，虽然现有预制菜以线下销售为主，但电商新零售平台日益丰富的预制菜产品也将吸引越来越多的消费者。

二、基于居家消费场景的湘菜预制菜产业发展需厘清的问题

（一）湘菜预制菜居家消费的现状

2020 年，受新冠肺炎疫情及餐饮零售化影响，预制菜从餐饮后厨走入万千家庭餐桌，C 端消费猛涨。同时，电商零售渠道成为众多预制菜企业布局的新战场。盒马鲜生、兴盛优选、十荟团、同城生活、美团优选、小步优鲜等生鲜电商的兴起，推动了湘菜半成品菜的发展。在生鲜电商看来，预制菜对食品进行了加工，有效提升了溢价率。据了解，54% 的“95 后”盒马消费者经常自己下厨并偏爱半成品菜，购买比例是“65 后”的两倍。针对家庭市场的便利店，也是预制菜销售的重要渠道。在便利店中丰富多样、方便快捷的预制菜，如梅菜扣肉、湘西外婆菜、口味牛杂、青椒猪肚、五香拆骨肉、韵味猪脚皮、农家卜豆角等，更好地迎合了“懒宅”经济下年轻人的需求，与生鲜电商和外卖平台相比，便利店具有“最后一公里”的优势。

湘菜预制菜龙头企业彭记坊推出了春节“合家欢乐”“福禄财喜”礼盒，“百年老坛”及“百味佳肴”的大部分产品加热即可食用，使消费者与美味之间的距离只有几分钟。2021 年，彭记坊计划投入更多的研发费用，旗下产品将突破传承，沽禽、肉类等版块都会开拓。同时，其客群对象将从目前集中的 B 端延伸至社区 C 端客户，接下来着力将产品线做精细化。深耕湘菜预制菜 19 年的聪厨食品以“年夜饭套餐”打造预制菜团圆饭概念，让一顿年夜饭品出韵味尝出新意。截至 2021 年 1 月 25 日，新聪厨电商平台产品销售已突破 900 万元，1 月底突破了 1000 万元。行业标杆企业湖南佳宴食品全国共有经销商 3000 多家，同时与各大电视平台深度合作，覆盖天猫、京东、拼多多、各大社区团购电商 App 线上渠道，真正实现让产品走入千家万户。近年来，公司

看好 C 端的发展潜力，积极开发家庭渠道，尤其是在疫情影响之下，公司的 C 端业务发展迅速，增速在 30% 以上。尽管当前 C 端的总销售额占比并不高，大概在 30% 左右，不过家庭渠道的消费量一直在上升，未来市场潜力很大。湘菜大师徐溶携手海尔食联网，开发推出了“剁椒鱼头”特色湘菜预制菜，首批上线，通过食联网就下单 2.5 万份，后又追加至 5.5 万份。由此可以看出，随着网购、年轻一代消费习惯的改变，市场对湘菜预制菜的接受度越来越高。

（二）湘菜预制菜居家消费的市场需求

在疫情期间，预制菜成为解决许多家庭烹饪难题的产品类型。很多观点认为，一旦疫情解除，餐饮堂食全面恢复，顾客对它的需求就会大幅回落，预制菜这种特殊情境下的市场非常有限。消费者对预制菜是否真的有持续的家庭零售市场需求，值不值得食品生产企业、餐饮企业大力涉足和发展？这是需要思考的问题。

预制菜兴起的背后，是团餐市场规模不断提升、B 端中央工厂预制进程越来越快以及 C 端消费需求不断攀升，三端综合的结果。餐饮产业化发展催生了方便高效的预制菜，其不仅仅在餐厅后厨，很早以前就走进了中国人的家庭厨房。在家烹饪不仅比外卖具有仪式感，也比在外就餐更具参与感和互动性，如果能够实质性地解决家庭餐饮消费对品质和服务的核心诉求，那么，预制菜将会有更大的市场。

随着食材的不断消费升级，很多年轻家庭的消费理念和需求发生了改变，如更认同亲手烹制、对食材鲜度和品质要求更高、对价格不是特别在意、愈发追求“家乡的味道”“妈妈的味道”或“某品牌店铺的味道”等个性化体验。同时，对外卖食物的替代也开拓了新市场。很多经常出差或者独居的年轻人在厌倦了连续多日的外卖后，开始对预制菜产品产生兴趣，他们认为“预制菜自己加热比外卖要卫生，和下馆子比起来性价比高”。

预制菜的需求在居家消费领域已经开启、在疫情期间得到全面激发，这促使一批新的消费者加入预制菜的消费群中。疫情使不少知名餐厅也在经营压力之下倾力打造自己的预制菜，产品品质进一步提高，顾客在家做菜所获得的幸福感和价值感很好地得到了体现，这样新加入的消费者们自然会有更高的留存率。

（三）湘菜预制菜居家消费的发展优势和短板

政策标准的落地和基础设施的成熟是一个产业兴起的两个必要条件。“湘菜预制菜的发展益于推进省政府打造湘菜千亿产业的目标”，湖南省相关监管部门对于“湘菜工厂”的发展持大力支持态度。湖南省质监局相关负责人表示，大批规模预制菜企业的产生和崛起，代表着湘菜标准化、产业化取得了成果。湘菜预制菜产业使湖南省农产品经济价值得到了极大提升，也使湘菜产业得以在全国火速扩张。目前，国家正着力全产业链发展，从企业培育、配套服务、招商引资等多方面深入推进农业供给侧改革，湖南省对推进农业结构调整作出了具体部署，大力支持预制菜食品行业的发展，通过各种政策扶持一批富有特色、优质安全的湘菜预制菜品牌及龙头企业，助力湘菜产业的蓬勃发展。

湘菜预制菜在湘菜产业的地位日益凸显，湘菜预制菜企业之前主要以小作坊为主，发展比较缓慢，近几年产业规模迅速扩张，但是行业标准不是特别细致明晰，因此仍存在食品安全、食材质量等问题。现阶段，消费者对湘菜预制菜最基本的需求是新鲜、绿色、放心，由于湘菜预制菜生产企业规模大小不一，不同湘菜预制菜的生产标准也各不相同，难免会出现食品安全隐患，主要表现在食材品质不放心、烹饪加工环境不合格、操作人员操作不规范、食品添加剂超标、食品细菌污染超标等方面。还有部分预制菜生产企业规模较小，没有建立自己的食材种植、养殖基地，没有优质食材资源的持续供应，加工的食材主要以农贸市场、菜农收购为主，食材品质参差不齐，导致中高端湘菜预制菜开发显得举步维艰。特别是在确保湘菜预制菜的微生物指标控制合格的基本条件下，如何兼顾湘菜预制菜的口感和营养是值得研究的技术问题。

三、基于居家消费场景的湘菜预制菜产业发展路径

（一）产品品质化

预制菜的商业逻辑和生鲜、冻品不同，它是（半）成品菜，最核心的是口味乃至于外观，而不是价格。随着人们生活水平的不断提高和生活节奏的加快，消费者的食品观念已经从最初的满足于温饱发展成为追求高品质、方便便捷的消费，因此对营养价值高、食用便利、安全卫生食品的需求越来越大。业内人士指出，湘菜预制菜应该让产品品质进一步得到提高，使消费者有更高的留存度。

1. 聚集好资源，培养湘菜预制菜专业人才

人才是产业发展的创新动力，首先，可以建议省内设有烹饪专业的高职（中职）院校，开设专门的湘菜预制菜加工技术专业，定向培养一批既精通食品加工技术又擅长湘菜烹饪的专业人才，为湘菜产业发展提供生力军，强化校企合作，推动产学研深度融合。其次，可以成立由湘菜大师、预制菜名企、高校教师等组成的湘菜预制菜研究中心，开发一套规范完整的湘菜预制菜系列教程，深度研究预制菜生产全环节中的问题。

2. 严选好食材，建立湘菜预制菜食材供给基地

湘菜预制菜产业发展势头良好，对食材需求量越来越大，对食材品质的要求也是越来越高，特别是中高端湘菜预制菜产品的开发，更需要优质稳定的原料保障。首先，统筹建立稳定的种、养殖基地，或是建立稳定的食材供给链，可以与湖南省农产品区域公共品牌"湘江源""湖南辣椒""湘赣红"等达成深入合作，搭建农产品与湘菜预制菜企业对接交易的平台，为湘菜预制菜的食材供给提供安心保障，这是湘菜预制菜生产企业更好更快发展的必然趋势。其次，湘菜预制菜生产企业可以以扶贫项目为基线，发掘珍藏的绿色原生态食材，通过优秀企业对接扶贫点、农业科技专家指导扶贫点，形成真正意义上的湘菜预制菜产业扶贫，带动新农村建设，同时提升预制菜品质与价值。

3. 保证好口感，优化湘菜预制菜生产技术

湘菜预制菜在生产过程中经过了灭菌、解冻、加热等步骤，很难保证菜肴原有的色、鲜、味，特别是灭菌技术对感官影响尤为明显。湘菜预制菜企业需要改善和借鉴最前沿有效的灭菌技术，如采用反压调理灭菌技术或通过充氮小包装方法，采用真空灭菌工艺，使湘菜预制菜在常温储存中最大程度地保证菜肴的风味与口感。采用分子料理低温加工工艺，零香精、零色素，最大限度锁住水分、锁住新鲜、锁住营养。制作实现工业化生产，却保留传统的制作工艺，如辣椒用捶捣才出油而不是机械地搅碎；炒辣椒的自动化设备里模拟炒锅加了一层生铁，更像小时候的香味，还原度极高、口味极佳。

4. 深耕好文化，厚植湘菜预制菜发展根基

特色鲜明、历史悠久的文化是湘菜预制菜产业发展的核心推动力，每一款预制菜都需要赋予一定的文化内涵。一是可以融合湖南的地域美景，使预制菜包装设计凸显湖湘特色，同时体现出安全卫生、美味便捷的饮食文化。二是要结合湖湘文化元素，提炼湘菜文化中关于湖湘节日食俗、地方特色食材、湖湘食疗养生、湘菜特色烹饪技艺、湘菜名人美食等文化，采用拍摄电视节目、编辑出版书籍、开展美食活动、组织大讲坛等形式进行品牌推广。三是要借助已经具备一定影响力的湘菜，加大对预制菜文化的挖掘力度，进一步提升湘菜预制菜的品牌价值。

（二）品类精细化

1. 针对口感精细化

湘菜预制菜不仅仅只是针对湖南消费者，目前已开启全国之旅，甚至远销国外。生产企业应根据各地市场顾客数据和点评的反馈，在口味研发上要求更为精细化，重视不同地区、市场顾客在口味喜好上的差异。在保证湘菜预制菜特色的同时重点考虑三个维度：油的用量、辣度的区别和咸度的轻重，在配料表准确写明这道菜的每一种主料和辅料各放多少克。例如，针对上海人，可以减少放油、放辣；针对四川、重庆人，可以重油重辣。

2. 针对消费情境精细化

居家过年让餐饮行业遭到重创，却让以半成品年夜饭为代表的家庭预制菜市场一片火热。湖南很多预制菜企业根据年夜饭的消费场景，同时考虑家庭烹制的现实条件，精选多款产品，组合成年夜饭礼盒，让消费者在家也能品尝到媲美酒店大厨烹制的美味。根据外卖平台“饿了么”披露的信息，2020 年进入农历腊月以来，App 上有关“年夜饭”的搜索量相较去年同期增加了 4 倍。例如，湖南佳宴食品早早地就准备了全家乐享团圆礼盒、十全十美团圆礼盒等，在自家微店中销售。此外，还推出了佳宴扣肉、香锅牛杂等单品供消费者选购。湘菜预制菜企业可以以此为契机，根据不同情境设计一些主题和配套菜单，让消费者“味蕾得到新体验”或“觉得今天要聚聚”，开发更多的针对不同居家消费情境的预制菜。如针对中秋、端午、春节、元宵等中国传统佳

节推出的家庭聚餐菜肴；针对生日、结婚纪念日等具有特殊意义的日子推出的套餐礼盒，让半成品菜肴来保持这份仪式感；针对家庭宵夜场景的自热食物等，免切、免洗、免调料，简单轻松，省时省力。

3. 针对消费群体精细化

针对不同的消费群体可以将湘菜预制菜更加精细化，如推出单人套餐、小家庭式套餐、大家庭式套餐等。据民政部数据显示，我国的单身成年人口 2 亿人有余，其中近 9000 万名成年人是独居状态。伴随着单身群体的持续发展壮大，从线下到线上，单人消费饮食业态已经不断涌现。时下很多单身人员的消费观念是“好好为自己而花销”，不仅追求便捷高效率，还追求情调高质量。“独立乐活主义”逐渐成为“90 后”“00 后”年轻人的新选择。湘菜预制菜企业要靠近单身人群的生活方式，研究并满足其独特消费需求，挖掘“单身经济”的居家消费空间。另外，针对一家三口或四口的小家庭式套餐可以开发对小孩充满吸引力的儿童套餐，因为抓住了一个孩子，就相当于抓住了一个家庭，可以聚焦“儿童”这样一个原点的人群，吸引家长甚至整个家庭这样的相关客群。大家庭式套餐一般针对 8 人至 12 人，品种越全越好，最好能为客户提供“一站式”服务，让客户不必跑多个地方，在一家店就能找到所需的全部或大部分产品，对客户而言更加省心。

（三）服务定制化

1. 理解服务的重要性

我们应该清醒地认识到，餐饮人的利润突破点在“服务”。各式各样的餐饮创新发展，目的都是为了给顾客带来更好、更快的服务，其创造的经营利润和品牌价值，远远超过了“餐”和“饮”创造的价值总和。湘菜预制菜企业运用自身对餐饮的专业能力、对食材的鉴别能力，为消费者提供优质的就餐服务，让他们能用超高的性价比，享受到豪华的美食盛宴及情感寄托，而我们，赚取的是提供“这种超值体验”所需的服务费，这才是微利时代里突破困境的有效举措。

2. 借鉴优秀典型

目前，“私人订制”不再仅仅局限于餐厅门店内，品牌的不断拓展，让服务的触手已经延伸到顾客的家庭消费场景之中。湘菜预制菜也可以借鉴海底捞的火锅零售外卖，按消费者自身要求，为其提供适合其需求的，同时也是消费者满意的服务，除了让顾客享受食品，同时接受其进驻到家庭消费场景内的“服务”。

3. 借助技术手段

湘菜预制菜企业需要借助一定的技术手段，如利用精准的用户数据反馈系统，了解消费者的性别、年龄段、购物习惯、复购可能性以及评价等，获得数据支持；如利用大数据技术来分析消费者需求的共性，把他们划分为一些类别，如单身贵族、家庭主妇、宅家一族、职场白领、空巢老人等，针对这些类别的个性需求进行服务定制。同时企业要考虑到两个问题：一方面是服务定制化的成本不能太高，否则服务营销商将很难承受；另一方面是服务营销商采用该营销方式后必须能够产生收益，而且该收益要能够弥补其成本支出。只有这样，服务定制化在经济上才是可行的。

对于家庭预制菜市场，此次疫情是一个拐点，湘菜预制菜得到了一波进入日常家庭厨房的机会，将会更加生活化和家常化。它不仅能够平衡味道、时间、效率，让消费者摒弃繁杂的买、洗、切、调味等步骤，还能满足在家下厨的乐趣，简单加工就可以做出一桌好菜。种种可以感受得到的新鲜体验，都促成预制菜这个细分品类在家庭市场的上升势头。顾客消费习惯往往是在一个特殊情境下的尝试后，满足了某种需求后持续强化、自然而然形成的。餐企的市场不仅在门店，也在消费者家中，一个品牌的产品如何在消费者家中成为美味佳肴，让普通人成为烹饪高手，是餐饮业未来最大的增量市场。目前，湘菜预制菜客观存在着有利的机会点，需要市场参与方好好把握。

参考文献

[1] 董礼华．消费市场经受住疫情冲击消费结构持续升级 [N]. 中国信息报 ,2021-01-21(002).

[2] 汤军．打破餐食边际，疫后新浪涌现增持 [R]. 苏州：东吴证券 ,2021,5.

[3] 余春生．预制菜迎来万亿蓝海市场，屠宰企业具备先天优势 [R]. 上海：国海

证券研究所 ,2021.

[4] 郝若言 , 曹峰 , 曾禹豪 . 电子商务在餐饮业的发展 [J]. 科学与财富 ,2020,04.

[5] 湖南彭记坊 . 春节将至，疫情形势不明朗，你家备了过年菜么？ [EB/OL]. (2021-01-23)[2021-03-15] https://mp.weixin.qq.com/s/KU_40cIIAHO78rUzO4RQcg.

[6] 彭军炜 . 湘菜预制菜产业创新发展的实现途径 [J]. 现代商业 ,2020(13):48-49.

[7] 李大伦 . 就地过年催生新型消费形式“独食”开启独立乐活主义 [N]. 徐州日报 ,2021-2-16.

基于中国裁判文书网的湖南餐饮企业涉诉案件分析

周翊斌[①]

以湘菜为主体的湖南餐饮企业日益蓬勃发展，其菜品创新能力、待客服务能力、内部管理能力、品牌推广能力、同业竞争能力均不断增强。但随着湖南餐饮企业经营规模扩大的同时，势必会伴随着经营风险增长，尤其是对其品牌有毁灭性打击的诉讼风险。笔者通过对湖南餐饮企业从 2007 年起至今的诉讼案件的统计与分析，得出湖南餐饮业所面临的诉讼趋势及特点，从而提出有针对性的诉讼风险管理建议与策略，为湖南餐饮企业的高质量繁荣发展保驾护航。

一、数据来源及分析方法

（一）数据来源

图 4-3　中国裁判文书网主界面

数据来源于最高人民法院官方版权所有的中国裁判文书网数据库（China Judgements Online）（见图 4-3）。根据 2013 年 7 月最高人民法院颁布的《最高人民法

① 周翊斌（1991.12- ），男，湖南常德人，长沙商贸旅游职业技术学院助教，执业律师，主要从事食品安全法、法治理论研究。

院裁判文书上网公布暂行办法》规定，除法律规定的特殊情形外，各级人民法院发生法律效力的判决书、裁定书、决定书一般均应在互联网公布。因此，该网站收录了全国各级人民法院诉讼案件裁判文书，截止到 2021 年 1 月 26 日，访问总量 555 亿人次，文书总量 1.14 亿篇。

（二）检索途径

1. 检索方式

在中国裁判文书网操作界面中，主要有快捷检索和高级检索两种检索方式。快捷检索，即检索框内不限定检索项，通过关键词全面检索案由、案件名称、审理法院、当事人等信息。高级检索，即限定检索项，通过关键词对指定检索项来开展信息抓取，并且可以实现多个检索项组合检索。为了精准检索，缩小案例范围，本文采用高级检索的方式。

2. 检索项

在中国裁判文书网操作界面中，高级检索的检索项有“全文检索”“案件名称”“案由”“案号”“法院名称”“当事人”“律所”“律师”“法律依据”等共计 17 项可选择的检索项。本文主要选取“法院名称”和“当事人”两项为指定组合检索项，旨在根据“法院名称”来筛选湖南省内涉及的各类诉讼案件，通过“当事人”检索项，来筛选与餐饮业相关的企业主体。

3. 检索词

检索词是指表征主题内容的、具有实质意义的词语，对揭示和描述主题内容是重要的、关键性的词语，它由若干个字组成的词组或短语。关键词的选取，决定了研究对象的范围，决定了研究内容的精准性。根据本节确定的“法院名称”和“当事人”两个检索项，来筛选符合研究目的的检索词。

（1）法院名称检索，即涉案范围检索。根据《中华人民共和国人民法院组织法》及中国裁判文书网中法院的命名规则可知：高级法院命名规则为“省级名称 + 高级 + 人民法院”，例如：湖南省高级人民法院；中级法院命名规则为“省级名称 + 地州市

名称 + 中级 + 人民法院”，例如：湖南省长沙市中级人民法院；基层法院命名规则为：“地州市名称 + 区县名称 + 人民法院”，例如：长沙市雨花区人民法院。因此，在“法院名称”检索项下分别选择“湖南省”及“长沙市”“湘潭市”“株洲市”“衡阳市”“邵阳市”“岳阳市”“常德市”“张家界市”“益阳市”“郴州市”“永州市”“怀化市”“娄底市”“湘西土家族苗族自治州”等 14 个地州市及部分县城法院名称为检索词，可以筛选出湖南省辖区内省、市、县（区）裁判案件。

（2）当事人检索，即企业名称检索。根据国务院《企业名称登记管理规定》（国务院令第 628 号）第七条之规定："企业名称应当由以下部分依次组成：字号、行业或者经营特点、组织形式。”换言之，企业名称由“地区 + 字号 + 行业（经营特点）+ 组织形式”的结构组成。由此可见，从“行业”命名要素入手，可以选取与餐饮业相关的企业主体。

为确定行业名称要素，根据《国民经济行业分类》（GB/T4754-2017）门类 H，大类 62，以类别名称为餐饮业为标准，根据其小类名称，分别选取“餐饮”“饭店”“快餐”“小吃”“酒吧”“茶馆”“茶楼”“咖啡”等为主要检索词，来筛选出与餐饮业相关的企业主体。需要说明的是，本节重点研究社会餐饮，本次检索暂不考虑酒店餐饮，因此未列入“酒店”为检索词。

（三）检索结果

通过上述检索词，选取同时符合“法院名称”和“当事人”两个检索项的检索结果，共筛选出法院裁判文书 5483 篇，检索时间截止到 2021 年 1 月 26 日。

本节主要对检索结果中的法院裁判文书数量、时间、地区、类型、标的额、涉案主体、司法背景、裁判结果等方面进行多角度分析。

二、基本情况分析

（一）数量分析

湖南餐饮企业涉诉讼案件的数量，整体上反映了其面临的法律风险趋势。通过对湖南省案件数量变化分析，可以发现湖南餐饮企业整体面临法律风险的变化趋势。

从检索结果来看，2019 年涉案量最高，为 1431 件；其次是 2020 年，为 1340 件；

再次是 2018 年，为 1013 件。其他年份数量如图 4-4 所示。

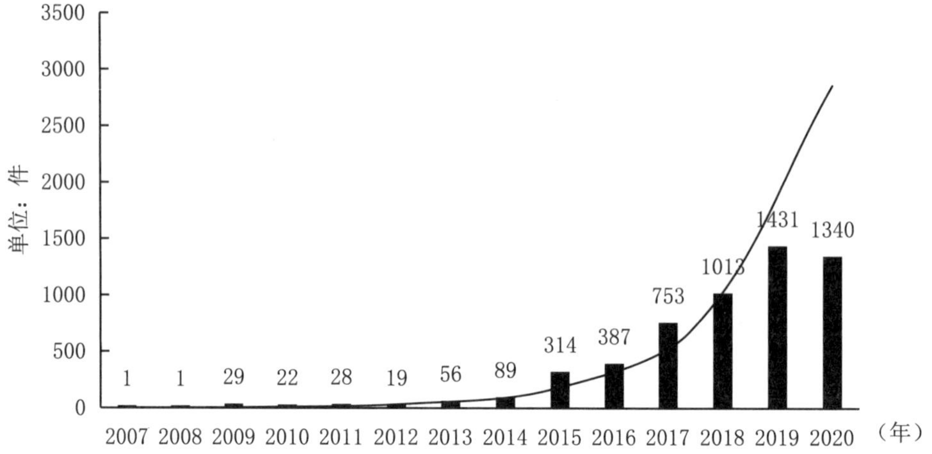

图 4-4　涉案数量时间分布柱状图

从图 4-4 可知，从 2007 年到 2020 年，湖南餐饮企业涉及诉讼情况总体呈上升趋势。从 2013 年开始呈井喷式增长，其中 2013 年与 2015 年增长率最高，分别为 194.74% 与 252.81%。2019 年涉案数量为 1431 件，为案件数量最高峰值，2020 年开始有下降趋势。

（二）地区分析

通过对湖南省内 14 个市州地区涉案数量的统计，可以反映出各市州的餐饮企业面临法律风险的分布状况。从统计结果来看，湖南省辖区内省直辖案件 98 件，14 个地州市管辖案件数量分布如下：其中，长沙地区 2919 件、株洲地区 369 件、衡阳地区 271 件、其他地区案件数量如图 4-5 所示。

由此可见，长沙地区数量最高，占整个湖南省涉案数量的 53.24%，远超第二名株洲地区涉案数量的 7 倍以上。排名前六的市州地区分别为：长沙地区、株洲地区、衡阳地区、郴州地区、常德地区、湘潭地区。可见，当地经济发展程度越高，涉案数量会相对更高。

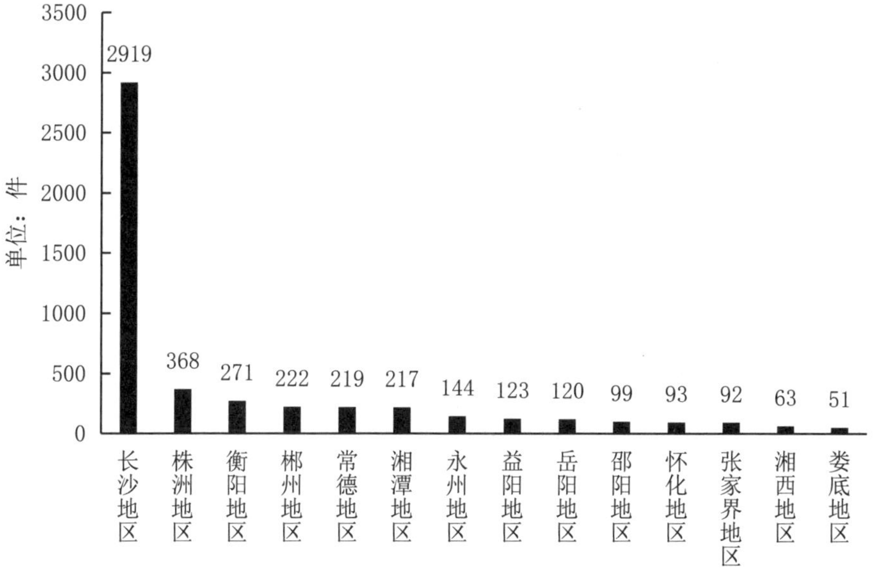

图 4-5 湖南省各市州涉案数量柱状图

（三）类型分析

1. 整体情况分析

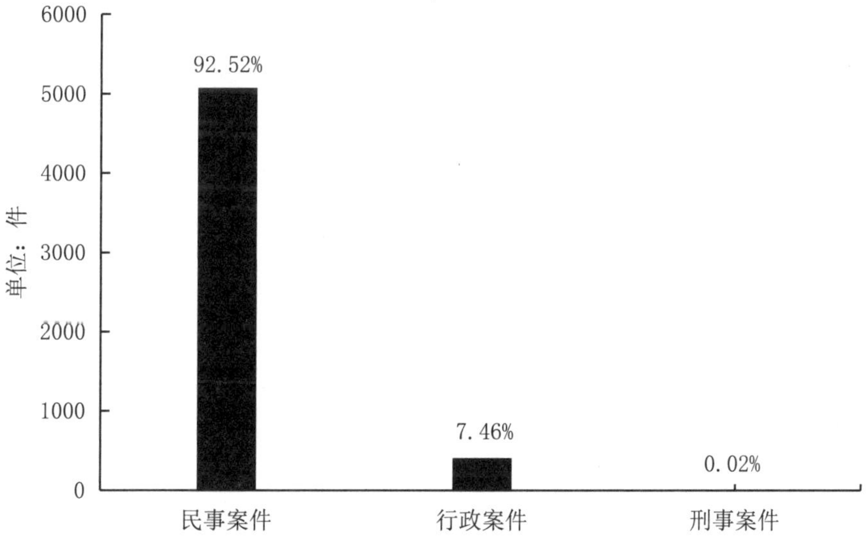

图 4-6 涉案类型柱状图

案件类型的分布，反映了餐饮企业所面临的主要法律问题。通过对案件类型的统计，可以判断出湖南餐饮企业的常见涉案类型。

据统计，湖南餐饮企业所涉案件类型数量如下：民事案件 5073 件，行政案件 407 件，刑事案件 1 件。

由图 4-6 可见，从涉案类型上看，餐饮企业当前最主要的涉案类型为民事案件，占比 92.52%；其次是行政案件，占比 7.46%；刑事案件 1 件，占比 0.02%。

2. 民事案件分析

民事案件在餐饮企业涉案类型中数量为 5073 件，占比 92.52%。通过对民事案件中重点分析，可以有针对性地对餐饮企业在经营过程中常见的民事法律风险进行梳理与归纳。

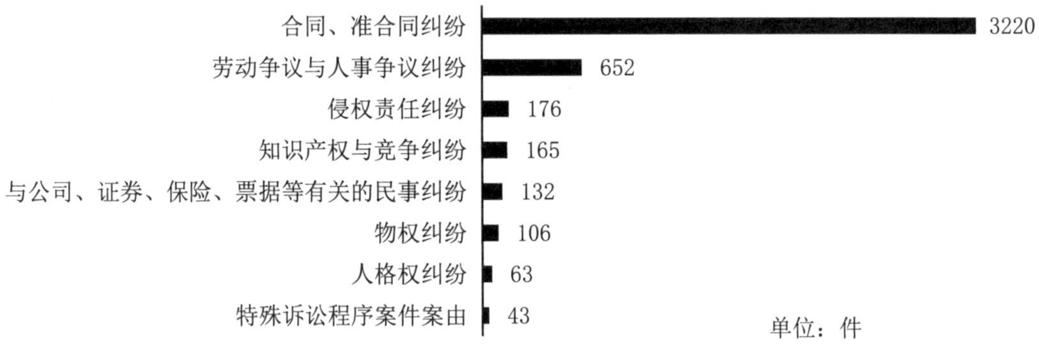

图 4-7　一级民事案由数量柱状图

（1）一级案由分析。根据《最高人民法院关于印发修改后的 < 民事案件案由规定 > 的通知》（法〔2020〕347 号）规定，将民事案件根据民事法律关系的分类为基础，以法律关系的内容即民事权利类型来编排案由的纵向体系分为 11 个一级案由：即人格权纠纷，婚姻家庭、继承纠纷，物权纠纷，合同、准合同纠纷，劳动争议与人事争议，知识产权与竞争纠纷，海事海商纠纷，与公司、证券、保险、票据等有关的民事纠纷，侵权责任纠纷，非讼程序案件案由，特殊诉讼程序案件案由。

经统计，湖南餐饮企业涉及一级民事案由情况如下：人格权纠纷 63 件，婚姻家庭、继承纠纷 0 件，物权纠纷 106 件，合同、准合同纠纷 3220 件，劳动争议与人事争议 652 件，知识产权与竞争纠纷 165 件，海事海商纠纷 0 件，与公司、证券、保险、票据等有关的民事纠纷，侵权责任纠纷 176 件，特殊诉讼程序案件案由 43 件。

由图 4-7 可知，湖南餐饮企业涉诉案件类型排名前五的分别为合同、准合同纠纷案件，占比 69.74%，其次为劳动争议与人事纠纷案件占比 14.12%，侵权责任纠纷占比 3.81%，知识产权与竞争纠纷占比 3.57%，与公司、证券、保险、票据等有关的民事纠纷占比 2.86%。需要指出的是，湖南餐饮企业涉案类型中，完全不涉及婚姻家庭、继承纠纷，海事海商纠纷两大类。

（2）二级案由分析。民事案件的二级案由为一级案由项下更为详细的分类，在一定程度上可以看出争议对手的大致类型。因此，通过对湖南餐饮企业涉诉案件类型中前五位的一级案由进行二级案由统计与梳理，可以更为准确地定位争议案件的关联方。

表 4-5　民事二级案由统计表

二级案由	三级案由	数量
合同、准合同类纠纷	买卖合同纠纷	717
	租赁合同纠纷	707
	借款合同纠纷	588
劳动争议、人事争议纠纷	劳动合同类纠纷	560
	社保类纠纷	83
	其他劳动争议	6
知识产权与竞争纠纷类	知识产权权属纠纷	468
	知识产权合同类纠纷	121
	不正当竞争纠纷	47
侵权责任纠纷类	提供劳务者受损纠纷	85
	违反安全保障义务责任纠纷	40
	产品责任纠纷	25

续表

二级案由	三级案由	数量
与公司、证券、保险、票据等有关的民事纠纷	股权转让纠纷	41
	股东出资纠纷	15
	股东知情权纠纷	8

据统计，合同、准合同类纠纷中排三位的合同类纠纷分别为：买卖合同纠纷717件，租赁合同纠纷707件，借款合同纠纷588件；劳动争议、人事争议纠纷中排前三位的分别为：劳动合同类纠纷560件、社保类纠纷83件，其他劳动争议6件；知识产权与竞争纠纷类中前三位的分别为：知识产权权属纠纷468件，知识产权合同类纠纷121件、不正当竞争纠纷47件；侵权责任纠纷类中前三位的分别为：提供劳务者受损纠纷85件、违反安全保障义务责任纠纷40件、产品责任纠纷25件；与公司、证券、保险、票据等有关的民事纠纷排前三位的分别为：股权转让纠纷41件、股东出资纠纷15件、股东知情权纠纷8件。（详见表4-5）

由此可知，排名前五的二级案由分别为买卖合同纠纷717件、租赁合同纠纷707件、借款合同纠纷588件、劳动合同纠纷560件、知识产权权属纠纷468件。由此说明在餐饮企业经营管理过程中，与上下游企业、房屋出租方、借款机构、企业员工、同行竞争者发生法律诉讼风险非常高。

3. 行政、刑事案件分析

（1）行政案件。餐饮企业涉及的5483份裁判文书中，行政案件共计407件。其中，行政处罚126件、行政执行107件、行政确认101件、行政强制72件、行政征收1件。可见，餐饮企业涉及的行政案件不多，这与我国行政案件数量有关，大多不会产生法院诉讼阶段，在行政管理阶段就已经处理完毕。因此，本文主要以分析民事案件为主。

（2）刑事案件。餐饮企业涉及的5483份裁判文书中，仅有一起刑事案件。为衡东县人民法院（2019）湘0424刑初97号涉及故意杀人罪的刑事判决。案情主旨系是衡东县某餐饮店员工与顾客发生肢体冲突，并用餐厅瓷碗、不锈钢漏勺、电饭煲砸向顾客，最终导致顾客死亡，涉及衡东县某城餐饮服务部的作为被告承担刑事附带民事诉讼。可见，餐饮企业亦存在刑事法律风险，但相对其他行业企业风险较低。

（四）标的额分析

案件标的额的大小，反映了餐饮企业所面临的争议大小情况。通过对案件标的额的统计，可以判断出湖南餐饮企业的常见纠纷所争议大小。

通过对标的额的可视化分析可以看到，标的额为 50 万元以下的案件数量最多，有 2094 件，占比 84%；100 万元至 500 万元的案件有 191 件，占比 8%；50 万元至 100 万元的案件有 144 件，占比 6%；500 万元至 1000 万元的案件有 27 件，1000 万元至 2000 万元的案件有 19 件，占比均为 1% 左右。（详见图 4–8）

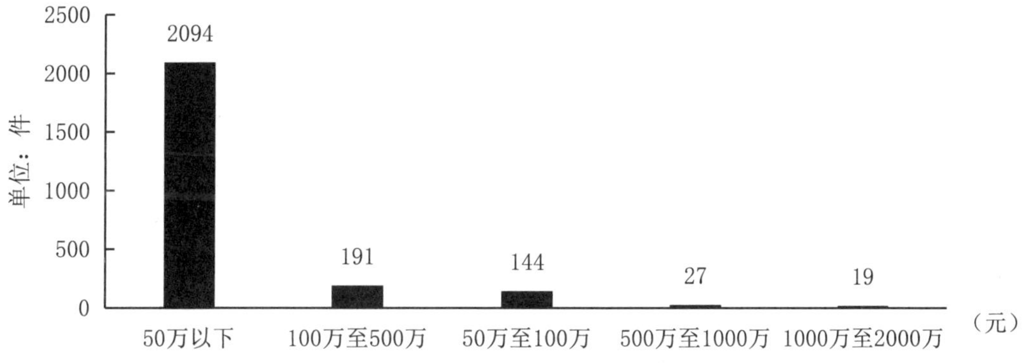

图 4-8　涉案金额柱状图

由此可知，湖南餐饮企业争议金额不高，与餐饮企业整体资金规模有一定关系。

（五）其他数据分析

1. 律师介入分析

裁判文书中湖南餐饮企业方出现诉讼代理人为专业律师的情况反映了餐饮企业涉诉案件中专业法律人士的介入情况。

据统计，湖南餐饮企业涉及的 5483 份裁判文书中，有专业律师介入的案件数量为 1032 件，占 18.82%；无专业律师介入的案件数量为 4451 件，占 81.18%。

由图 4–9 可知，整体餐饮企业涉诉案件中专业律师介入程度不高。这也在一定程度上意味湖南餐饮企业整体对聘请专业人士处理涉诉案件的意识不强。

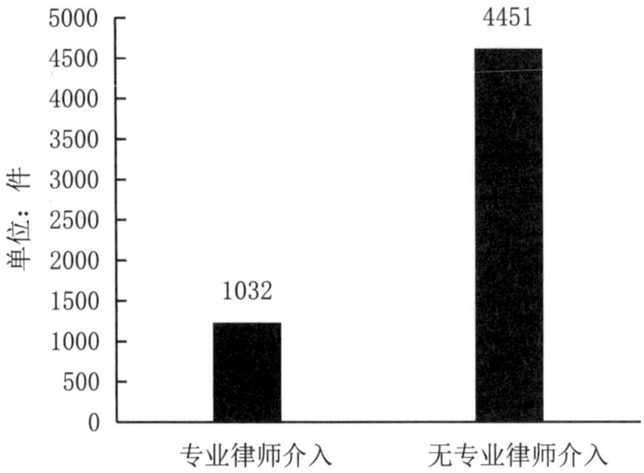

图 4-9 有无专业律师介入量柱状图

2. 法律条文分析

人民法院判决主文中的实体法律条文，在一定程度上说明了纠纷案件争议的焦点。通过对案件的法律条文的梳理，可以得出餐饮企业发生争议的事实要点。据统计，案件适用法律条文的情况（见表 4-6）。

表 4-6 常见法律条文引用表

序号	法规名称	条目数	引用频次
1	《中华人民共和国合同法》	第一百零七条	1117
2	《中华人民共和国合同法》	第六十条	1043
3	《中华人民共和国合同法》	第八条	564
4	《中华人民共和国合同法》	第二百一十二条	492
5	《最高人民法院关于人民法院办理执行异议和复议案件若干问题的规定》	第二十八条	458
6	《中华人民共和国城市房地产管理法(2009修正)》	第三十一条	435

序号	法规名称	条目数	引用频次
7	《中华人民共和国物权法》	第一百四十七条	434
8	《中华人民共和国合同法》	第二百二十六条	429
9	《中华人民共和国合同法》	第二百二十七条	335
10	《中华人民共和国合同法》	第二百零六条	325
11	《中华人民共和国担保法》	第二十一条	295
12	《中华人民共和国合同法》	第一百一十四条	283
13	《中华人民共和国合同法》	第一百零九条	281
14	《中华人民共和国担保法》	第十八条	274
15	《中华人民共和国合同法》	第六十条第一款	265
16	《中华人民共和国劳动合同法（2012 修正）》	第四十七条	224
17	《中华人民共和国合同法》	第九十四条	215
18	《中华人民共和国劳动合同法（2012 修正）》	第四十六条	211
19	《中华人民共和国民法通则（2009 修正）》	第一百零八条	202
20	《中华人民共和国合同法》	第二百零五条	201

由此可见，出现频率前三的条文为分别为《中华人民共和国合同法》第 107 条、第 60 条、第 8 条，引用频次分别为 1117 次、1043 次、56 次。这三个条文均是在违约责任中常见的条文，说明在餐饮企业涉及的纠纷中，对于合同履行中的诚实信用存在一定风险。需要说明的是，《中华人民共和国民法典》已于 2021 年 1 月 1 日正式生效，上述法律条文同时废止。但是，曾经争议案件中涉及法律条文的内容仍然能体现争议事实所涉及的法律问题。

三、结论与对策

（一）结论

从总体情况来看，湖南餐饮企业涉诉案件数量呈逐年上升趋势，其中以2013年与2015年增长率最高，2019年涉案数量最高为1431件；案件主要集中在长沙地区，占到一半以上数量，其次是株洲、常德、湘潭等地区。说明，近年来以长沙为核心的湖南餐饮企业诉讼风险越来越高，但根据数据统计显示，争议标的额当下相对其他行业较低，主要集中在50万元以下。

从涉案类型情况来看，涉案类型以民事案件为主，大多涉及在买卖合同纠纷、租赁合同纠纷、借款合同纠纷、劳动合同纠纷、商标权属纠纷等。一方面，这主要体现了湖南餐饮企业在与上下游合作企业管理、员工关系管理、知识产权管理等方面风险管控能力较弱，需要在风险管控上予以加强与重视；从另一方面来看，涉案类型较多的合同纠纷中主要以违约责任为核心的争议较多，因此，餐饮企业需要提高餐饮企业的商事诚信，同时也需要加强餐饮企业保护自己的意识，增强在交易过程中留存证据意识。

从案件审理情况来看，整体餐饮企业涉诉以守方案件为主，说明餐饮企业需要法律风险合规管理的需求强于主动诉讼的，并且律师介入程度不高。说明整体餐饮企业被动涉案的风险高，但法律风险意识较弱，有待加强。

（二）对策

1.“以点带面”健全餐饮安全与法律风险防控体系

餐饮企业目前基本都已经开始关注食品安全法、消防法等领域，但通过本节归纳与分析，除了上述湖南餐饮企业关注的这些风险领域，还有不少诉讼风险集中在其他5大领域，尤其是合同管理、劳动争议、知识产权、侵权责任、公司股权五大类纠纷重点。因此，对于餐饮企业而言，除了特别重视的食品安全、消防安全外，还需要重视合同采购管理制度、劳动用工与员工关系管理、商标侵权等知识产权规范与保护、股权配置与股权激励五大方面，我们应该有针对性地从上述重点、常发诉讼领域着手，“以点带面”地健全餐饮安全与法律风险防控体系。具体而言，针对小餐饮企业来看，考虑到实际情况，可以聘请专业的法律顾问或外聘律师团队对上述板块开始，尝试搭建好餐饮安全与法律风险防控体系，形成标准化操作流程，避免与减少法律诉讼风险的产生，稳妥地将各类矛盾化解在萌芽状态；对于中大型餐饮企业应该设立安全与法务部、风险管理部等部门来集中处理上述事宜，避免因处理措施不当而导致不利影响的扩大。

2.“分类分层”提高餐饮企业员工法律风险意识

湖南餐饮企业涉诉案件数量逐年增加，这与餐饮从业人员的法律素养整体偏低有着密切关联，提升餐饮从业人员整体法律素养，对整个湖南餐饮企业能否迈向更高、更国际的舞台有着至关决定性的作用。一方面，学校在餐饮人才培养层面，不仅要开展基础法治素养教育，更要有针对性、有策略性地加大餐饮专业性法律法规训练，提升餐饮类专业高校毕业生的行业法律素养，后者对于餐饮企业经营与管理更具实用性。另一方面，湖南餐饮业是典型的劳动密集型行业，人员多且培训难度大，在短时间内对全员、全方位提升法律意识是不可能的，因此要采取一定策略与方法。根据本文分析结论可知，第一，不同地级市发生诉讼案件的风险不同，可以在门店从业人员培训上可以采取“分类”培训，根据实际情况对不同地区门店做出不同培训要求，例如对长沙、株洲等地区门店的培训课时可以更多，并结合当地常发法律诉讼案件类型特点进行案件培训。第二，将员工分进行“分层”培训，具体而言，基层员工主要培训内容侧重为食品安全、消防安全、侵权救济等操作规范类及法律意识培训，当然也包括合同履行中诚实信用等法治理念的灌输；中层员工及相应后台管理部门除了上述内容外，要进行合同采购管理制度、劳动用工与员工关系管理、广告宣传等法律领域培训；高层管理者主要开展商标侵权等知识产权规范与保护、股权配置与股权激励等方面培训。

参考文献

[1] 王培霞，余海，陈力，王永吉．科技查新中检索词智能抽取系统的设计与实现[J]．现代图书情报技术，2016,(11):82-93.

[2] 中华人民共和国国家质量监督检验检疫总局．国民经济行业分类:GB/T

4754—2017[S].2017:62-63.

[3] 邢变变，段晨颖. 我国图书馆在司法案件中侵权行为的表现及规避策略研究——以中国裁判文书网 207 篇裁判文书为研究对象 [J/OL]. 图书馆建设 :1-17.

V 大事记

2020 年度长沙市湘菜餐饮业大事记

● 餐饮湘军集体发声：拒食野生动物！

2 月 24 日，十三届全国人大常委会第十六次会议表决通过了《全国人大常委会关于全面禁止非法野生动物交易、革除滥食野生动物陋习、切实保障人民群众生命健康安全的决定》。3 月，“拒绝销售、烹饪野味，保护野生动物！”多位湘菜大师、餐饮湘军行业代表联合发声，呼吁湖南全体餐饮业同行一起践行“拒食野味，从我做起”的倡议。“我们坚决支持国家法律规定，呼吁餐饮行业以及广大食客，拒绝食用野味，保护野生动物！”湖南省餐饮行业常务副会长、著名湘菜大师任伟政坚定地说。

● 餐饮抗疫做表率，湖南餐饮企业捐赠食材驰援黄冈、武汉

2 月至 3 月，由湖南省湘菜产业促进会组织“湘情湘味送乡亲”活动和湖南省商务厅指导、湖南省餐饮行业协会组织的“湘味浓情”物资捐赠行动，分别将 20 多家企业提供的优质大米、食用油、蔬菜、调料、预制菜、水果及各式包点等约 5 万件（份）价值逾百万的湖南优质食材和 17 家湘菜产业品牌企业捐赠的湘菜预制菜、方便菜、佐餐菜、面点主食等 50 余种产品的车队从长沙发往武汉，为奋战在抗疫一线的医护人员，送去一份餐桌上的温暖。

● 全国首批·长沙首家“安心餐厅”诞生

3 月 3 日，全国首批·长沙首家“安心餐厅”审核信息发布会举行。发布会上，Intertek（天祥集团）宣布费大厨成为全国首批·长沙首家实施 Intertek 餐饮企业公共卫生审核的餐厅。Intertek 作为全球领先的全面质量保障服务机构，以公认的专业、质量和诚信享誉全球。曾对 2008 年北京奥运会、2010 年上海世博会、2018 年进博会食品供应商进行安全健康的审核评估。

● 为长沙外卖加上“安心锁”50 万张食安封签免费发放

3 月 15 日，由湖南省湘菜产业促进会、湖南省旅游饭店协会主办的“推行食安封签，守护外卖安全”行动正式启动。主办方向 43 家试点企业发放了 50 万张食安封签。

此后一年，参加活动企业的食安封签，将全部由湖南省湘菜产业促进会统筹免费配送。

- 消费券免费送，助力提振湖南消费

4月1日起，“春天有约 · 长沙消费季”重头戏——“春回潇湘百业兴”活动正式拉开帷幕。市民通过“和包支付”App能享受商超、餐饮、加油、药房、便利店、农家乐等类型近100家商户上千家门店各种消费满减、打折优惠。味上湘菜馆（含宴长沙）第一时间响应湖南省总工会、省财政厅推出的“湘消费”行动，率先推出400万元餐饮消费券免费送的惠民活动，为餐饮业复工复产助力。

- 湖南米粉大擂台，文化促推广

4月14日至23日，由湖南省委接待服务中心主办、大湘菜报等单位承办的“米粉大擂台”活动在省委九所宾馆成功举办，引起热烈反响。

- 餐饮食材大汇聚，一日成交上亿元

5月25日，由群星会打造的第四届湘菜食材峰会在长沙举行，活动以“千万让利 · 共克时艰”为主题，吸引到40多家食材及调味品生产厂家积极参与，来自全国各地数千名湘菜食材经销商及连锁餐饮负责人到场采购，全天交易额破亿元，是疫情之后湘菜界首场食材展览，对于助推湘菜企业经营复苏具有重大影响和意义。

- 大众点评公布2020“必吃榜”入围名单

6月23日，大众点评公布2020“必吃榜”入围名单，长沙共32家餐厅入围，囊括12家地道湘菜、4种老长沙特色小吃、6家粉面馆，其中不乏小有名气的鲁哥饭店、聚鑫朋酸菜肥肠馆、壹盏灯等本土品牌。本次榜单是基于过去一年时间内，2844万名用户所产生的1.6亿元真实美食点评，综合评选出的优质餐厅入围名单。只有具备“万里挑一”的口味、优质服务和持续诚信经营能力的商户才能摘得最终入围的荣誉。

- 大师走基层，菜品提质量

7月13日，由湖南省餐饮行业协会组织的“湘菜大师走基层”系列活动正式启动，湘菜大师们在餐饮门店亲自演示做菜过程并加以讲解；与大厨们深度交流，分享诸多烹饪干货；湘菜泰斗们现场观摩并提出建议，只为助力餐饮企业解决最核心的“菜品”

问题，在学习和交流中提升核心竞争力。

- “湖南米粉第一书”面世

8 月 11 日，《嗦粉 · 一碗湘粉韵味长》新书首发式举行。《嗦粉 · 一碗湘粉韵味长》一书由湖南日报报业集团大湘菜报组织编写，湖南人民出版社出版，是全国第一本系统介绍湖南米粉的图书专著。该书深入挖掘湖南米粉的历史文化内涵，系统地梳理介绍了湖南各地米粉的特点及门店分布情况，对为米粉产业发展做出过突出成绩的部分人物进行了报道推介，是一部学术性、实用性、趣味性兼具的“嗦粉宝典”。

- 湖南省餐饮行业协会向全省餐饮企业发布倡议书

8 月 12 日，湖南省餐饮行业协会向全省餐饮企业发布倡议书：坚决响应习总书记号召，全面持续开展“厉行节约，杜绝浪费”行动。民以食为天，食以俭养德。餐饮企业要强化主体责任，严格落实各项节约措施，坚决杜绝铺张浪费现象，共同创造文明健康的生活方式。

- 中国湘菜文化博览园在湘潭动土开工

8 月 19 日，中国湘菜文化博览园项目开工仪式在湖南省湘潭市岳塘区隆重举行，百余名领导、专家学者、湘菜产业链代表共同见证开工仪式。项目计划总投资 58.8 亿元，占地面积 715 亩，可建设用地 375 亩，建设内容包括三馆、两殿、两院、十大配套。

- 2020 中国国际食品餐饮博览会在长沙成功举办

9 月 18 至 20 日，由商务部、湖南省人民政府主办的 2020 中国国际食品餐饮博览会在长沙国际会展中心成功举办。本届食餐会以“创新融合，品质消费”为主题，共吸引了国内外 2000 余家企业参展、近万家企业采购，展品超过 5 万种。在餐饮理念、展位搭建、产品包装上大力倡导“厉行节约，杜绝浪费”的新理念。除了美食，展会还设置了包括中国餐饮数字化发展大会、2020 中国咖啡师团体锦标赛、2020 湘菜大师名师晋级赛暨中国流行菜烹饪大赛等 30 余场丰富多彩的活动。

- 商务部在长沙举办烹饪大赛

9 月 19 日，由商务部流通产业促进中心、湖南省商务厅主办的“厉行节约 · 品质提升”2020全国餐饮业烹饪大赛，在长沙国际会展中心举行，由全国18个省市商务主管部门推荐的42名当地特色餐饮企业厨师选手展开激烈角逐。经过综合评定，最终评选出了金奖3名、银奖5名、优胜奖若干名。

- “好吃长沙”评选大赛启动，十大市井口碑店争相角逐

9月22日，由长沙市委网信办指导，华声在线股份有限公司主办，湖南华声全媒体传播有限责任公司承办，湖南省辞赋学会支持的“‘好吃长沙’第一季·市井口碑店评选大赛”正式启动，长沙多家市民口碑热评的知名餐饮店角逐“长沙市井口碑店”的榜单评选。入围“好吃长沙”市井口碑店前十榜单的店铺分别为：湘春酒家、壹盏灯、鲁哥饭店、文昌阁市井菜、笨萝卜浏阳菜馆、猪油炒小菜、老许家大蒜炒腊肉、聚味瞿记、金味老饭铺、一品三码头嗦螺（排名不分先后）。

- 一站打卡全省米粉，“湖南米粉街”正式开街

国庆期间，选址芙蓉区韭菜园路，集美食、文化、旅游、休闲于一体的“湖南米粉街”正式开街。“湖南米粉街”按照“政府引导、企业主体、市场运作、龙头带动”的发展原则，以米粉博物馆为龙头，引进各市州特色米粉品牌，以此带动周边餐饮、酒店等多产业协同并进，助力湖南米粉产业发展。

- 聚焦县域美食经济，“湘菜美食大篷车”正式发车

11月3日至4日，以食材溯源、扶贫集采、美食交流和文化提升为目的的“湘菜美食大篷车”从衡东正式“发车”。本次活动通过采风、交流分享及衡东特色食材创新品鉴宴等环节向全国客商推荐企业及产品，搭建起农产品线上与线下并行的长效产销合作平台，为衡东带来前所未有的创新推广模式与美食体验，以及千万级的扶贫采购合作订单。此活动聚焦县域美食经济，将长期在省内各县域举办。

- 大米先生在长沙门店突破百家，成为湖南首个百家直营餐饮企业

12月上旬，著名现炒快餐品牌“大米先生”在长沙突破一百家门店，成为湖南餐饮业首个直营店数突破百家的龙头企业。大米先生直营店数突破百店的同时，展开了新一代店的全新亮相与一系列升级调整，成为长沙中式快餐美食地标名片。

● 2020 湘菜年度盛典在长沙举行

12 月 31 日，由湖南日报社、湖南省商务厅主办，大湘菜报承办的“2020 湘菜年度盛典”在长沙举行。来自湖南省 14 个市州和北、上、粤等地的湘菜人欢聚一堂，共谋发展。2020 年湘菜年度事件榜单、2020 湘菜年度人物、湘菜终身成就奖相继揭晓。

附　录

一、浏阳蒸菜产业发展报告调查之餐饮企业问卷

<table>
<tr><td>单位名称</td><td colspan="4"></td></tr>
<tr><td>企业性质</td><td colspan="4">国企□　民营□　合资□　股份□　私营□</td></tr>
<tr><td>供餐性质</td><td colspan="4">正餐□　快餐□　火锅□　其他□</td></tr>
<tr><td>店铺性质</td><td colspan="4">单店□　加盟连锁□　直营连锁□　其他□</td></tr>
<tr><td>2020 年 3 款热销产品（菜品）</td><td colspan="4">1 ___________；　2 ___________；　3 ___________</td></tr>
<tr><td>是否网签店</td><td>是□
否□</td><td>签约平台</td><td colspan="2">美团□　饿了吗□
大众点评□　其他______</td></tr>
<tr><td>网络外销占总营业额的比例</td><td colspan="4">1/2 □　1/3 □　1/4 □　1/5 □　小于 1/5 □</td></tr>
<tr><td rowspan="2">本企业
员工总数</td><td colspan="2" rowspan="2"></td><td>男</td><td></td></tr>
<tr><td>女</td><td></td></tr>
<tr><td rowspan="2">楼面员工总数</td><td rowspan="2"></td><td rowspan="4">员工
学历
情况</td><td>本科及以上</td><td></td></tr>
<tr><td>高职高专</td><td></td></tr>
<tr><td rowspan="2">厨房员工总数</td><td rowspan="2"></td><td>中等职业</td><td></td></tr>
<tr><td>其他</td><td></td></tr>
<tr><td>2020 年度营业额（可不填）</td><td colspan="4"></td></tr>
<tr><td>目前经营中面临的问题</td><td colspan="4">文化挖掘□　核心技术□　从业人员素质□
资金规模□　应用服务 / 业务□　消费者观念□
创 新 性□　其他 ______________________</td></tr>
</table>

填表人：　　　　填表时间：　　年　月　日

二、浏阳蒸菜产业发展报告调查之专业机构问卷

机构名称	
机构性质	科研□　学校□　行业协会□　培训机构□
本地餐饮业态排序	正餐□　快餐□　火锅□　团膳□　其他□
本地店铺形式排序	单店□　加盟连锁□　直营连锁□ 网销□　其他□
本地餐饮风格排序	地方菜（浏阳蒸菜）□　湘菜□　川菜□ 粤菜□　西餐□　其他□________
当地 2020 年度 前 3 款热销产品	1 _________；　2 _________；　3 _________
列举当地最受大众喜欢的三家浏阳蒸菜店铺	1. 2. 3.
2020 年本地区浏阳蒸菜餐饮门店营业总额（可不填）	
2020 年本地区浏阳蒸菜店铺总数	
2020 年本地区外浏阳蒸菜店铺总数	
2020 年本地区浏阳蒸菜从业总人数	
浏阳蒸菜产业目前面临的问题	文化挖掘□　核心技术□　从业人员素质□ 资金规模□　应用服务 / 业务□　消费者观念□ 创 新 性□　其他 ______________________

填表人：　　　　　　　　填表时间：　　年　月　日

三、浏阳蒸菜产业发展报告调查之个人问卷

本问卷用于了解关于浏阳蒸菜产业发展基本概况，为浏阳蒸菜发展提供依据。

1. 您的年龄（单选）

□ 18 岁以下

□ 18 ～ 24 岁

□ 25 ～ 30 岁

□ 31 ～ 35 岁

□ 36 ～ 40 岁

□ 40 岁以上

2. 您的学历（单选）

□高中及以下

□大专

□本科

□硕士

□博士及以上

3. 您所从事的行业（单选）

□金融

□计算机、网络

□市场、公关

□媒体、影视

□咨询、法律

□快速消费品

□餐饮、旅游

□贸易、进出口

□房地产、建筑
□电子、通信
□美术、设计、创意
□生物、医疗、制药
□其他

4. 你认为现在浏阳蒸菜是否符合传统的工艺与文化传承？（单选）
□符合
□不符合
□有点符合

5. 你认为浏阳蒸菜在本地发展水平如何？（单选）
□没有活力
□活力一般
□活力较大
□活力大
□活力非常大

6. 你认为浏阳蒸菜在外地发展情况如何？（单选）
□很好
□一般
□不太乐观

7. 你认为浏阳蒸菜产业发展前景如何？（单选）
□很好
□一般
□不太乐观

8. 你认为浏阳蒸菜产业发展符合可持续发展的新概念吗？（单选）

□符合

□不符合

□有点符合

9. 您觉得浏阳蒸菜产业发展的瓶颈在哪里？（多选）

□文化挖掘

□核心技术

□设备

□应用服务 / 业务

□从业人员素质

□消费者观念

□创新性

□其他 __________

10. 您对浏阳蒸菜产业发展有何建议？

四、浏阳蒸菜产业发展报告调查之访谈问题

1. 请问目前浏阳蒸菜文化挖掘与传承情况怎么样？

2. 请问目前浏阳蒸菜在餐饮市场中的市场占有率如何？

3. 请问规模以上浏阳蒸菜餐饮企业有多少家？目前经营状况如何？

4. 请问浏阳蒸菜餐饮企业的主要产品是哪些？您认为这些产品质量状况如何？

5. 请问浏阳蒸菜餐饮企业的从业人员是否存在瓶颈？主要体现在哪些方面？

6. 您认为现有浏阳蒸菜餐饮企业的创新发展能力如何？是否有进一步提升的空间和必要？

7. 谈谈您对浏阳蒸菜产业发展前景的预测和建议。

图书在版编目（CIP）数据

2021年长沙市湘菜餐饮业发展报告 / 谢军主编. -- 湘潭 : 湘潭大学出版社, 2021.12
ISBN 978-7-5687-0673-5

Ⅰ. ①2… Ⅱ. ①谢… Ⅲ. ①湘菜－饮食业－产业发展－研究报告－长沙－2021 Ⅳ. ①F726.93

中国版本图书馆CIP数据核字（2021）第250066号

2021年长沙市湘菜餐饮业发展报告

2021NIAN CHANGSHASHI XIANGCAI CANYINYE FAZHAN BAOGAO

谢军 主编

责任编辑：刘 丹
封面设计：谈振威
出版发行：湘潭大学出版社
社 址：湖南省湘潭大学工程训练大楼
电 话：0731-58298960 0731-58298966（传真）
邮 编：411105
网 址：http://press.xtu.edu.cn/
印 刷：长沙鸿和印务有限公司
经 销：湖南省新华书店
开 本：787 mm×1092 mm 1/16
印 张：12.75
字 数：227千字
版 次：2021年12月第1版
印 次：2021年12月第1次印刷
书 号：ISBN 978-7-5687-0673-5
定 价：42.00元